2015年江苏省实验教学与实践教育中心建设专项经费支持

知识产权保护实务技能综合训练

郭鹏鹏　宋　健◎主编

刘　莉　包文炯　任小明◎副主编

知识产权出版社

全国百佳图书出版单位

—北京—

图书在版编目（CIP）数据

知识产权保护实务技能综合训练／郭鹏鹏，宋健主编；刘莉，包文炯，任小明
副主编 . —北京：知识产权出版社，2022. 11
  ISBN 978-7-5130-8394-2

  Ⅰ.①知… Ⅱ.①郭…②宋…③刘…④包…⑤任… Ⅲ.①知识产权保护
Ⅳ.①D913.4

中国版本图书馆 CIP 数据核字（2022）第 187548 号

责任编辑：刘　睿　刘　江　　　　　责任校对：潘凤越
封面设计：SUN 工作室　　　　　　　责任印制：刘译文

南京理工大学知识产权创新实践教育中心系列教材

知识产权保护实务技能综合训练

Zhishi Chanquan Baohu Shiwu Jineng Zonghe Xunlian

南京理工大学知识产权学院　组织编写

郭鹏鹏　宋　健　主　编

刘　莉　包文炯　任小明　副主编

出版发行	知识产权出版社 有限责任公司	网　址：	http：//www.ipph.cn
社　　址	北京市海淀区气象路 50 号院	邮　编：	100081
责编电话	010-82000860 转 8344	责编邮箱：	liujiang@cnipr.com
发行电话	010-82000860 转 8101/8102	发行传真：	010-82000893/82005070/82000270
印　　刷	天津嘉恒印务有限公司	经　销：	新华书店、各大网上书店及相关专业书店
开　　本	720mm×960mm　1/16	印　张：	13
版　　次	2022 年 11 月第 1 版	印　次：	2022 年 11 月第 1 次印刷
字　　数	192 千字	定　价：	78.00 元
ISBN 978-7-5130-8394-2			

丛书编委会

编委会主任　吴汉东

编委会成员　朱　宇　支苏平　戚　涌　曾培芳

朱显国　唐代盛　聂　鑫　尚苏影

谢　喆　叶建川　王　鸿　姚兵兵

武兰芬　姜　军　张颖露　施　君

汤　敏　郭鹏鹏　宋　健

总　　序

　　当前，我国正在深入推进知识产权强国建设，知识产权人才作为建设知识产权强国最基本、最核心、最关键的要素日益受到高度重视。近年来，我国相继发布《深入实施国家知识产权战略行动计划（2014～2020年）》《关于新形势下加快知识产权强国建设的若干意见》《国家创新驱动发展战略纲要》《"十三五"国家知识产权保护和运用规划》《知识产权人才"十三五"规划》等重要政策文件，对我国知识产权人才培养提出了新的要求。

　　知识产权作为一门独立的学科，有自己独特的研究对象，有自己特有的基本范畴、理念、原理、命题等所构成的知识体系；知识产权作为一种特定的专业，有自己特殊的人才培养目标，也有自己特定的人才培养规格。结合知识产权的学科特点，知识产权人才培养应当符合以下三个基本定位。

　　第一，知识产权人才应当是复合型人才。知识产权归属于法学，但与管理学、经济学、技术科学等有交叉和融合，因此，知识产权人才应当具备多学科的知识背景。他们除了要掌握法学的基础知识外，还应当能够理解文、理、工、医、管等学科的基本原理和前沿、动态，成为懂法律、懂科技、懂经济、懂管理的复合型人才。第二，知识产权人才应当以应用型人才为主。知识产权是一门实践性极强的学科，无论是知识产权的确权与保护，还是知识产权的管理与运营，都是实践性工作。立法、司法机关、行政管理部门、公司企业、中介服务机构等实务部门对知识产权人才有着广泛的需求。第三，知识产权人才应当是高端型人才。知识产权跨学科的特点，意味着单一的本科学历根本无法实现知识产权专业的目标要求，要

1

使知识产权人才有较高的起点、较广博的知识，双学士、硕士、博士、博士后等高学历人才应当成为今后知识产权人才培养的主流。

知识产权人才培养是我国高校中最年轻、最有生命力的事业。但从总体上看，由于当前高校知识产权人才培养在复合型师资、培养方案、课程设置、实验条件等方面存在诸多困难与问题，从而导致我国知识产权人才数量和能力素质与上述目标定位还存在一定差距，特别是高层次和实务型知识产权人才严重缺乏。因此，要以知识产权人才培养定位为目标，提升知识产权人才培养的软硬件条件，实现知识产权人才培养工作的科学化、体系化和制度化，为知识产权强国建设提供坚实的智力支撑。

值得欣慰的是，围绕上述培养目标，我国很多高校已经开始积极探索知识产权人才培养的新途径。例如，南京理工大学知识产权学院，借助工信部、国家知识产权局以及江苏省政府三方共建的契机，在国内率先成立独立建制的知识产权学院，建立起"3+1+2"知识产权本科实验专业、法律硕士（知识产权）专业、知识产权管理硕士点、知识产权管理博士点，并建立了省级知识产权创新实践教学中心。

本套系列教材正是基于上述背景由南京理工大学知识产权创新实践教育中心组织编写的。该系列教材共六本，分别为《知识产权案件审判模拟》《知识产权国际保护》《知识产权代理实务》《专利文件撰写》《专利检索与分析精要》和《企业知识产权管理理论与实践》。从学科背景上看，该系列教材涵盖法学、管理学、经济学、情报学、技术科学等不同学科知识，符合"知识产权人才应当是复合型人才"的要求；从课程设置上看，该系列教材更加注重知识产权诉讼、专利文书撰写、专利检索分析等知识产权实务技能的培养，符合"知识产权人才应当以应用型人才为主"的要求；从适用对象上看，该系列教材既可作为高校知识产权专业本科生和研究生的课程教学教材，也可作为企事业单位知识产权高级法务人员和管理人员的参考教材，符合"知识产权人才应当是高端型人才"的要求。衷心希望通过该套教材的出版发行，总结出我国复合型、应用型、高端型知识产权人才培养的先进经验，以期为加快知识产权强国建设贡献力量。

是为序。

中南财经政法大学文澜资深教授、博士生导师

2017 年 6 月

目　　录

第一章　著作权实务

【内容提要】

　　第一个案例以一个网络游戏从作品类型发展变化、新类型作品保护范围确定切入，探讨在技术不断进步背景下如何用传统理论分析新场景。第二个案例涉及体育赛事直播著作权问题，以典型案例为切入点，深入剖析这一问题的产生与发展过程，并结合著作权法基本理论分析不同的观点与司法认定结果的变化，结合对产业发展的影响分析相关法律的变化。第三个案例从一个导演聘用合同争议案件出发，分析现实中基于特定行业如何进行事实分析与法律分析，透过案例的学习与思考，反映出在知识产权领域除法律分析的解释方法与适用方法之外，还要基于特定行业的特点通过个案从法律规则层面实现各方利益平衡。

【教学目标】

　　1. 引导学生回顾并掌握著作权法上作品的定义、构成要件、分类以及"思想与表达二分法"等基本概念。

　　2. 引导学生掌握并熟悉在具体事实上适用法律的基本分析方法。

　　3. 引导学生探讨并深入思考在具体行业背景下，事实分析与法律适用的关系，以及行业发展与法律规则的关系、个案认定与行业利益平衡的关系。

第一节 "换皮"游戏纠纷的著作权法问题探讨

【案例导读】

近年来,随着网络游戏产业的迅猛发展,网络游戏纠纷案件也逐年增多,其中涉及网络游戏"换皮"抄袭的著作权争议尤为引人关注,也产生了一些有影响力的司法判决。通过梳理,涉及以下法律问题:一是网络游戏的作品属性认定,即网络游戏除可以按照美术作品、文字作品、音乐作品等不同元素进行分类保护外,能否就网络游戏直播画面给予以类似摄制电影作品的方法创作的作品(以下简称"类电作品")的著作权保护?当然,需指出,在2020年《著作权法》第三次修正后,原《著作权法》第3条第(6)项规定的"电影作品和以类似摄制电影的方法创作的作品"被统一修正为"视听作品";❶ 二是网络游戏作品保护范围的确定,即传统著作权法有关"思想与表达二分法"如何用于分析网络游戏作品的保护范围?三是网络游戏侵权行为的认定,即"换皮"行为虽导致被诉游戏与在先游戏具有不同的角色图片形象、音乐等元素,但在玩法规则、数值策划、技能体系、操作界面等方面与在先游戏具有相同或者实质性相同的用户体验,是否构成著作权侵权行为以及侵害何种权利?上述问题的探讨与厘清,对于加强网络游戏作品的著作权保护至关重要。

本节介绍苏州蜗牛数字科技股份公司(以下简称"蜗牛公司")诉成都天象互动科技有限公司(以下简称"天象公司")、北京爱奇艺科技有限公司(以下简称"爱奇艺公司")侵害著作权纠纷案(以下简称"太极熊猫案")。❷ 该案判决对上述法律问题均进行了深入探讨,给出了较为清

---

❶ 关于电影作品和类电作品的著作权法立法发展,详见本章第二节"体育赛事直播画面的作品性质认定"。

❷ 一审:江苏省苏州市中级人民法院(2015)苏中知民初字第00201号;二审:江苏省高级人民法院(2018)苏民终1054号。

晰的答案。通过本案例将引导学生学习了解我国著作权法关于作品的定义及其分类、著作权法"思想与表达二分法"的基本原理、改编权侵权与"换皮"抄袭行为定性等著作权法基本理论问题，同时引导学生深入理解著作权法的适用在未来将不断面临着网络等新兴产业发展所带来的新问题与新挑战，从而进一步拓宽学习研究的视野，提高理论分析能力。

【案例介绍】

1. 涉案游戏作品、被诉游戏版本情况

蜗牛公司系涉案《太极熊猫》手机游戏软件的著作权人，依据计算机软件著作权登记证书记载，该款软件 1.0 版本开发完成时间为 2014 年 5 月 15 日。安智市场软件下载平台中公开信息显示，安卓系统《太极熊猫》手游最早上线版本 1.0.9 上线时间为 2014 年 10 月 31 日，1.1.1 版本上线时间为 2015 年 3 月 19 日。天象公司、爱奇艺公司开发的被诉手机游戏《花千骨》最早版本于 2015 年 6 月 19 日上线。

2. 《太极熊猫》游戏与《花千骨》游戏比对情况

蜗牛公司主张《花千骨》游戏在游戏结构、玩法规则、数值内容、投放节奏和软件文档五个方面与《太极熊猫》游戏构成实质性相似，并提交了《〈花千骨〉抄袭〈太极熊猫〉之相似度的对比分析》《玩法规则对比说明》两份比对文件。一审法院组织双方当事人就蜗牛公司主张的上述五个方面内容进行了详细比对，比对过程及结论详细记载于生效判决书中。限于篇幅，现仅就一审法院予以认定的比对结论加以归纳。一审法院查明：《花千骨》游戏与《太极熊猫》游戏相比，在第一部分"游戏结构"和第二部分"玩法规则"方面，《花千骨》游戏共有 29 个玩法系统在界面布局和玩法规则上与《太极熊猫》游戏基本一致或构成实质性相似（详见附表）；在第三部分"数值内容"中，《花千骨》游戏中 47 件装备的 24 个属性数值与《太极熊猫》游戏呈现相同或者同比例微调的对应关系；在第五部分"软件文档"方面，《花千骨》V1.0 版游戏软件的计算机软件著作权登记存档资料中，功能模块结构图、功能流程图以及封印石系统入口等全部 26 张 UI 界面图所使用的均为《太极熊猫》游戏的元素和界面。

另，在诉讼中，天象公司主张《太极熊猫》游戏本身也完整抄袭、复制了《放开那三国》游戏的结构、界面及玩法规则，不具有独创性。对此，一审法院经组织双方进行比对，认定比对内容中大部分均不构成相似。

3.《花千骨》游戏特有设计情况

天象公司主张，《花千骨》游戏中的剧情设计（剧情动画）、对应剧情设计的关卡、人物设计中的玩家扮演角色、可装备角色（灵宠）、道具设计中的装备道具、使用类道具、游戏场景设计中的主界面场景、剧情场景、修行场景、美术设计中的人物设计、技能美术效果、动画特效、UI 按键设计、UI 图标设计、加载页面及切换页面设计、音效设计、AI 设计等内容均与《太极熊猫》不同，其设计内容主要来源于小说《花千骨》。蜗牛公司认可《花千骨》游戏中前述的 IP 元素（故事剧情背景）、音乐、美术等与《太极熊猫》不同，但认为这些内容并非其在本案中主张保护的内容，故与本案无关联性。

4.《花千骨》游戏玩家评论

（1）2015 年 8 月 24 日在新浪微博以"太极熊猫花千骨"为关键词搜索，显示部分网友评论内容如下："的确是差不多一样的……表弟玩的功夫熊猫跟我玩的花千骨那么相似""《花千骨》手游和《太极熊猫》相似度奇高……""当初下来刚进新手指引我就发现好像《太极熊猫》，仔细一看，果然……""网游版的《花千骨》竟然也是完全照搬《太极熊猫》""突然发现手游《花千骨》跟《太极熊猫》一模一样，是谁抄袭谁呢""《花千骨》手游好像《太极熊猫》一个模子刻出来的""今天玩了一下手游《花千骨》发现其形式居然与《太极熊猫》一样""《花千骨》手游其实就是披了仙侠皮的《太极熊猫》""正版《花千骨》游戏跟《太极熊猫》一模一样，只是名字跟画风剧情改了""《花千骨》的测试，但是为什么感觉操作有点熟悉呢，这不就是《太极熊猫》么""《花千骨》完美抄袭

《太极熊猫》"。

（2）在 iOS 系统《花千骨》游戏用户评论中，有如下内容："刚公测的时候就玩了这个游戏，感觉跟'熊猫'这款游戏……副本、竞技、冲塔的模式几乎一样，不一样的就是职业、游戏人物跟各大场景""个人感觉这个游戏按部就班了《太极熊猫》的过程……如果玩过《太极熊猫》的会发现这个游戏过程简直一模一样……不过这个游戏就是改了个剧情而已……不过这个游戏除了剧情，没有原创的""整个新手指导都是仿《太极熊猫》的流程""各种模式玩法就不多说了，完全抄袭《太极熊猫》"。

5. 双方当事人诉辩情况

2015 年 8 月 5 日，蜗牛公司向一审法院提起诉讼，认为《花千骨》手机游戏"换皮"抄袭了《太极熊猫》游戏，即《花千骨》游戏仅更换了角色图片形象、配音配乐等，而在游戏的玩法规则、数值策划、技能体系、操作界面等方面与《太极熊猫》游戏完全相同或者实质性相似。要求天象公司、爱奇艺公司立即停止侵权行为，在公开媒体上赔礼道歉、消除影响，并赔偿经济损失 3000 万元。另，蜗牛公司确认《花千骨》游戏经过历次迭代更新，于 2016 年 1 月 19 日上线发布的 1.8.0 版本已经不包含指控的侵权内容。

天象公司、爱奇艺公司主张不构成侵权，其主要抗辩理由：（1）游戏的玩法规则属于思想，不受著作权法保护；（2）《花千骨》游戏在人物形象、故事情节、音乐配音等方面均与《太极熊猫》游戏存在较大差异，即使部分玩法规则相同，也属于合理借鉴，不属于侵权。

6. 裁判结果

一审法院认为：第一，涉案《太极熊猫》游戏运行动态画面整体构成以类似摄制电影的方法创作的作品，网络游戏的整体运行画面是其整体作品的表现形态。第二，《太极熊猫》游戏整体画面中游戏玩法规则的特定呈现方式构成著作权法保护的客体。第三，《花千骨》游戏在游戏玩法规则的特定呈现方式及其选择、安排、组合上整体利用了《太极熊猫》的基本表达，并在此基础上进行美术、音乐、动画、文字等一定内容的再创作，侵害了蜗牛公司享有的改编权。一审法院判决：天象公司、爱奇艺公司立即停止改编《太极熊猫》安卓 1.1.1 版本游戏并通过信息网络向公众提供改编作品的行为（已履行）；在判决生效之日起 30 日内共同在蜗牛公司认可或经法院指定的全国性报刊上刊登声明以消除其侵权行为给蜗牛公司造成的影响；在判决生效之日起 10 日内连带赔偿蜗牛公司经济损失 3000 万元；驳回蜗牛公司的其他诉讼请求。

天象公司、爱奇艺公司不服一审判决，提起上诉。二审法院判决：驳回上诉，维持原判决。

附表：《太极熊猫》与《花千骨》的界面布局与玩法规则比较

玩法序号	太极熊猫			花千骨		
1	对战功能	PVE	战役副本	对战功能	PVE	战役副本
2			精英副本			精英副本
3			金币副本			金币副本
4			生存副本			器灵副本
5			组队副本			多人副本
6			擂台争霸			无
7			全民乱战			无
8		PVP	竞技场		PVP	仙剑大会
9			夺宝			夺宝
10			巅峰对决			无
11			实时战场			多人对决
12			公会战			无

续表

玩法序号	太极熊猫				花千骨			
13	扩展功能	交互	排行榜		扩展功能	交互	排行榜	
14			聊天语音系统				聊天语音系统	
15			好友系统				好友系统	
16			邮件系统				邮件系统	
17			公会系统				门派系统	
18		活动	限时武神			运营活动	限时灵宠	
19			挖宝活动				无	
20			七日活动				无	
21			首充活动				首充活动	
22			吃大餐				桃花羹	
23			投资计划				投资计划	
24		商城	VIP系统			商城	VIP系统	
25			钻石商店				商店	
26			限时礼包				无	
27			黑市				异朽阁	
28	成长功能	主角	职业		成长功能	主角	职业	
29			技能				仙术	
30			等级				等级	
31			炼星				炼星	
32			背包				墟鼎	
33			称号				头衔	
34		装备系统	人物装备	强化		装备系统	人物装备	强化
35				突破				无
36				精炼				进阶
37				觉醒				无
38			符文	符文升级			璀星石	璀星石升级
39				符文镶嵌				璀星石镶嵌
40			时装	时装附魔				时装
41		武神系统	武神进化			灵宠系统	灵宠飞升	
42			武神升级				灵宠升级	
43			技能领悟				无	
44			稀有技				灵宠术	

续表

玩法序号	太极熊猫			花千骨		
		新手引导			新手引导	
		功能开启			功能开启	
45	投放功能	缤纷礼包	等级礼包	投放功能	缤纷礼包	等级礼包
46			开服礼包			开服礼包
47			在线礼包			在线礼包
48			月签功能			月签功能
49			宝藏			宝藏
		等级限制			等级限制	

【思考题】

1. 著作权法关于作品的定义及其分类，本案《太极熊猫》游戏作品应当如何定性？

2. 著作权法关于思想与表达二分法的基本原理，本案《太极熊猫》游戏作品应当如何确定著作权的保护范围？

3. 改编权的定义，以及本案游戏"换皮"行为应当如何定性？

【案例分析】

1. 著作权法关于作品的定义及其分类，本案《太极熊猫》游戏作品应当如何定性？

（1）作品的定义及其分类。

作品是著作权法保护的客体。2020年《著作权法》第3条规定：本法所称的作品，是指文学、艺术和科学领域内具有独创性并能以一定形式表现的智力成果。作品的构成要件包括"独创性"和"能以一定形式表现"，并限定须是文学、艺术和科学领域内的智力创作。

关于作品的类型，根据2020年《著作权法》第3条的规定，包括：①文字作品；②口述作品；③音乐、戏剧、曲艺、舞蹈、杂技艺术作品；

④美术、建筑作品；⑤摄影作品；⑥视听作品；⑦工程设计图、产品设计图、地图、示意图等图形作品和模型作品；⑧计算机软件；⑨符合作品特征的其他智力成果。

值得关注的是，2020 年《著作权法》第三次修正对作品类型的规定，有两项重要突破：除了将原《著作权法》第 3 条第（6）项规定的"电影作品和以类似摄制电影的方法创作的作品"（即前述"类电作品"）修正为"视听作品"外，更重要的是将原第 3 条第（9）项规定的"封闭式"兜底条款即"法律、行政法规规定的其他作品"，修正为"开放式"兜底条款即"符合作品特征的其他智力成果"。换言之，原来只有法律、行政法规规定为作品的，才能成为著作权的客体，而新著作权法打开了作品客体的限制，规定只要是"符合作品特征的其他智力成果"，都可以被认定为作品。具体而言，"符合作品特征的其他智力成果"，必须满足以下要求：一是属于文学、艺术和科学领域内的智力创作成果；二是符合作品的"独创性"要件；三是符合"能以一定形式表现"要件。事实上，自我国《著作权法》1990 年颁布以来，尚无任何被法律、行政法规规定为新作品类型的先例，因而此次著作权法修正具有重要意义。因为"随着文化和科学事业的发展，尤其是新技术的迅速发展，有可能会不断出现新的作品类型，而法律的稳定性决定了其难以列举所有的符合作品特征的智力成果，且难免挂一漏万，需要为实践发展留出空间。修改后的规定对作品类型持开放性态度，为将来可能出现的新作品类型留出空间，有利于使著作权的保护范围更好地适应经济社会的发展"。但同时立法者也特别强调："一是实践中的其他智力成果能否被认定为作品，需要根据这次规定的作品定义进行综合考量和判断，应当符合本法规定的作品特征。二是本项只是一个兜底性规定，在具体适用中，应当首先判断该智力成果能否纳入《著作权法》第 3 条前八项所规定的作品类型中，只有前八项规定的作品类型难以涵盖该智力成果时，才适用本项规定进行判断。"❶ 可见，《著作权法》第

---

❶　石宏．著作权法第三次修改的重要内容及价值考量［J］．知识产权，2021（2）．

三次修正，正是为了回应新技术发展不断带来的法律挑战，提升法律适用的确定性。

关于具体作品类型的含义，2013年《著作权法实施条例》第4条规定：①文字作品，是指小说、诗词、散文、论文等以文字形式表现的作品；②口述作品，是指即兴的演说、授课、法庭辩论等以口头语言形式表现的作品；③音乐作品，是指歌曲、交响乐等能够演唱或者演奏的带词或者不带词的作品；④戏剧作品，是指话剧、歌剧、地方戏等供舞台演出的作品；⑤曲艺作品，是指相声、快书、大鼓、评书等以说唱为主要形式表演的作品；⑥舞蹈作品，是指通过连续的动作、姿势、表情等表现思想情感的作品；⑦杂技艺术作品，是指杂技、魔术、马戏等通过形体动作和技巧表现的作品；⑧美术作品，是指绘画、书法、雕塑等以线条、色彩或者其他方式构成的有审美意义的平面或者立体的造型艺术作品；⑨建筑作品，是指以建筑物或者构筑物形式表现的有审美意义的作品；⑩摄影作品，是指借助器械在感光材料或者其他介质上记录客观物体形象的艺术作品；⑪以电影作品和以类似摄制电影的方法创作的作品，是指摄制在一定介质上由一系列有伴音或者无伴音的画面组成，并且借助适当装置放映或者以其他方式传播的作品；⑫图形作品，是指为施工、生产绘制的工程设计图、产品设计图，以及反映地理现象、说明事物原理或者结构的地图、示意图等作品；⑬模型作品，是指为展示、试验或者观测等用途，根据物体的形状和结构，按照一定比例制成的立体作品。

此外，根据2013年《计算机软件保护条例》第2~3条的规定，计算机软件，是指计算机程序及其有关文档。计算机程序，是指为了得到某种结果而可以由计算机等具有信息处理能力的装置执行的代码化指令序列，或者可以被自动转换成代码化指令序列的符号化指令序列或者符号化语句序列。同一计算机程序的源程序和目标程序为同一作品；文档，是指用来描述程序的内容、组成、设计、功能规格、开发情况、测试结果及使用方法的文字资料和图表等，如程序设计说明书、流程图、用户手册等。

（2）《太极熊猫》游戏作品属性的认定。

我国著作权法对游戏作品并未专门列举，显然游戏作品目前尚属于著作权法框架下的"无名作品"。从不同角度分析，游戏作品可作如下分类：一是游戏本身是计算机软件作品；二是游戏运行画面可区分出不同的元素，对其中的文字作品、美术作品、音乐作品进行单独保护；三是根据游戏直播画面的保护需求，对整体游戏画面以"类电作品"（现为"视听作品"）进行保护。可见，权利人可以就上述任何一种方式主张著作权法保护，这取决于个案情形以及权利人的自行选择，但目前司法实践中以主张类电作品保护为主。当然，在著作权法保护之外，实践中也有游戏开发者主张反不正当竞争法保护并得到法院支持的案例。❶

需提醒的是，本案例裁判系在《著作权法》第三次修正之前，故对本案的学习研究，一方面要依据原《著作权法》的规定，另一方面尚须注意与现行《著作权法》的规定加以转换。

关于《太极熊猫》游戏作品的性质，法院认为，《太极熊猫》游戏的整体运行画面可以认定为类似摄制电影的方法创作的作品，给予其著作权保护。将《太极熊猫》游戏作品认定为类电作品，基于以下理由。①从网络游戏技术看，网络游戏的本质是计算机软件程序（包括服务器端程序、客户端程序）和游戏信息数据（图片、音乐、文字等）的集

---

❶ 例如，在天津益趣科技有限公司诉上海指天网络科技公司、北京天赐之恒网络科技有限公司侵害著作权及不正当竞争纠纷案中，原告主张其开发的游戏《拳皇98终级之战OL》，是集卡牌、角色扮演、人物成长为一体的综合类手机游戏。法院认为，网络游戏构成类电作品应当具备两个条件：一是具有独创性的情节，且情节存在一定的思想表达；二是游戏整体画面表现形式应与电影作品相似。与动作类角色扮演游戏（Action Role Playing Game，ARPG）不同，卡牌游戏在运行过程中通常呈现的是若干非连续性的静态画面，并且故事情节要素较弱。涉案游戏大多时候呈现2D式的静止画面，不构成类电作品。但法院同时认为，对人物参数设置等抄袭损害了原游戏开发者的相关法益，应当以《反不正当竞争法》第2条提供保护。详见北京知识产权法院（2019）京73民终2613号。参见：管育鹰，主编. 张鹏，执行主编. 知识产权审判逻辑与案例·反不正当竞争卷［M］. 北京：法律出版社，2022：3-9.

合，该本质决定了网络游戏作为复合作品呈现出两种表现形态：一是静态的计算机代码和信息数据形式的集合；二是动态的在智能终端中由玩家操控运行游戏软件程序呈现的视听输出，且皆可以有形形式复制。②从游戏运行过程看，当玩家开启操作时，玩家在用户界面上的操作形成指令，游戏引擎通过逻辑代码决定何时从何处阅读资料、播放声音、在终端屏幕上显示图像和结果、如何下载或存储信息等；为呈现每个不同的副本，游戏引擎还会调取与该副本相应的特定地图档，再到游戏资源库读取与其相对应的特定对象或图标并在指定位置上予以呈现。在此过程中，需要大量配置文件和数据库文件支持。可以看到，网络游戏最终显示在屏幕中的整体画面，是以计算机程序为驱动，将文字、音乐、图片、音频、视频等多种可版权元素以体现和服务游戏玩法和游戏规则为目的形成的有机、连续、动态组合的呈现，其整体运行画面才是网络游戏作品完整的呈现方式，也是玩家所认知和感知的整体作品形态。③从类电作品的构成看，《太极熊猫》游戏的不同角色、角色间的互动、整个游戏的故事情节等内容设计，类似于电影创作过程中的剧本创作，而随着玩家操作形成的整体运行画面，类似于电影根据剧本进行摄制及成像的过程，且玩家操作后呈现的表达亦在游戏开发者设定范围的边界之内。同时，该游戏整体画面包括一系列有伴音或无伴音的游戏画面，可以通过计算机等数字播放设备予以传播。因此，在目前我国著作权法的框架内，将《太极熊猫》游戏的整体运行画面认定为类似摄制电影的方法创作的作品即类电作品，并无明显不当。

当然，针对以上裁判理由，笔者亦认为，游戏作品与影视作品相比较，除有伴音或无伴音连续动态画面的播放及其公众感知相同外，游戏连续动态画面的形成还是具有完全不同于影视作品的创作特性，一是取决于玩家的参与，二是取决于游戏引擎的调取。因此，未来著作权法再次修正时，应当考虑将游戏作品单独列为新的作品类型，这更加符合游戏作品的创作过程和规律以及玩家参与人机互动的特性。

2. 著作权法关于思想与表达二分法的基本原理，本案《太极熊猫》游戏作品应当如何确定著作权的保护范围？

（1）思想与表达二分法。

在著作权法领域，所谓思想与表达二分法，是指著作权法只保护思想的独创性表达而不延及思想观念本身。❶ 对于思想与表达的区分，我国著作权法并未作出具体规定，但学者认为，作品本身就是思想观念的表达，保护作品就是保护表达，因此，我国著作权法对作品概念的定义，本身就蕴含了思想与表达的区分，这属于著作权法的基本原则。❷

思想与表达的区分，源自 1976 年《美国版权法》第 102 条 b 款，即"在任何情况下，对于作者原创性作品的版权保护，都不延及于思想观念、程序、工艺、系统、操作方法、概念、原则和发现，不论它们在该作品中是以何种形式描述、解释、说明或体现的"。1994 年 TRIPS 协议第 9 条第 2 款亦规定："版权保护应延及表达，而不延及思想观念、工艺、操作方法或数学概念之类。"著作权法规定思想与表达的区分，既体现出保护独创性的表达，激励创作，同时亦体现鼓励他人自由利用独创性表达中蕴含的思想进行新的创作，促进文化的繁荣与发展。此外，著作权法不保护独创性的唯一或者有限表达，因为此时相当于思想与表达的重合，如果对于思想独创性的唯一或者有限表达予以保护，则可能导致对思想观念的垄断，并进而影响思想观念的传播，不符合著作权法的立法目的。

然而，需特别注意，尽管著作权法关于思想与表达区分的理论阐述足够清晰，但个案中的实际判断往往非常复杂。因为，就具体作品而言，思想与表达的区分过程，在学理上称为"金字塔结构"，往往体现为思想系由最底层的表达逐渐向上抽象归纳并加以呈现，通常而言，最底端的表达与最顶端的思想都比较清晰，不易模糊，但中间的过渡层级究竟属于表达

---

❶ 李扬．知识产权法基本原理（Ⅱ）——著作权法（修订版）［M］．北京：中国社会科学出版社，2013：31-35.

❷ 李明德，管育鹰，唐广良．《著作权法》专家建议稿说明［M］．北京：法律出版社，2012：34-35.

还是思想，抑或偏表达还是偏思想，往往模糊不清，成为个案中争议的关键点。以网络游戏作品为例，根据思想与表达的区分，单纯的游戏规则本身显然属于思想观念的范畴，不受著作权法的保护，但当游戏规则被融入游戏作品的具体设计之中，成为游戏规则具体表达中的特定呈现时，就不能简单地将其划归思想的范畴，而应当认定其属于著作权法所保护的"思想的创新性表达"，具有著作权法保护的价值和意义。

（2）网络游戏作品思想与表达的区分。

对于游戏作品而言，如何区分思想与表达必须结合游戏作品的创作特点。上海市浦东新区人民法院（以下简称"浦东法院"）曾结合个案审理对网络游戏的研发流程进行了专门调研。具体而言，网络游戏的研发大致可概括为五个层次。第一层是游戏立项阶段的游戏类型定位。第二层是围绕游戏类型定位的规则设计。第三层为游戏资源的核心部分制作，此又可分为三部分：一是与战斗目标相匹配的地图行进路线设计；二是游戏人物的初始数值策划，赋予每位人物不同侧重的参数值和各具特色的技能或武器技能；三是用户界面的整体布局。第四层是资源串联及功能调试，打磨游戏规则与游戏资源的契合度，不断地验证与纠错，完善游戏的逻辑自洽，最终形成连贯流畅的整体画面。第五层是游戏资源的进一步细化制作，美术和音频部分继续介入，包括场景地图的具体布置、外观的细化设计、人物的外观、武器外观及技能特效画面的细化设计、用户界面的丰富和整合等。根据思想与表达二分法，在上述游戏创作过程中，位于第一层的游戏类型定位以及第二层围绕游戏类型定位的基础规则，显然属于思想范畴；位于第五层的游戏场景外观造型、人物的美术形象、武器装备的美术形象、用户界面的布局用色及图案、背景音频等，当然属于表达的范畴；而位于第三层和第四层的内容究竟属于思想还是表达范畴，则往往成为争议的关键。浦东法院认为，一般情况下，游戏作品的设计要素，大部分存在于第三层游戏资源的核心部分制作的设计中，并且在第四层的资源串联里与游戏规则相融合，游戏规则通过以游戏设计要素为内核的游戏资源制作得以外在呈现，而这种外在呈现即属于表达。❶ 由此可见，网络游戏作品的思想与表达呈现为由五层设计构成的金字塔结构，其中位于最上端的第一层和第二层的游戏类型定位以及围绕游戏类型定位的规则设计属于思想范畴，依次下数第三、第四、第五层属于表达范畴。

（3）本案例分析。

法院认为，涉案《太极熊猫》网络游戏系一款 ARPG 类网络游戏的设计，包括故事情节、玩法规则、装备数值、画面美工、配音配乐、界面布局等诸多方面的独创性元素和内容，囊括了游戏设计团队的大量智力成果，预设了游戏运行时包括玩法规则与其他各种元素进行组合后所呈现的、不断变化的具体场景的表达以及表达的范畴，且游戏整体运行环境可实现有形复制。

至于本案例中特定玩法规则是否属于表达范畴，法院认为，网络游戏是一个由文字、音乐、图片、视频以及特定玩法规则等多元素组成的集合体，其通过计算机软件程序支持游戏玩法规则的实现和执行，玩法规则亦非一成不变的独立存在，可以借助诸多条件项的设定，通过不同规则、不同要件之间复杂多样的同类或跨类元素的组合，形成可以持续感知、区别于组合要素的具体表达，依托玩家操作调取游戏图片、音乐、视频等素材形成有独创性、有变化、连续运行的游戏画面。游戏整体运行画面是游戏玩法规则以及所有游戏素材相结合而形成的有机、连续、动态的作品呈现。诚然，对网络游戏的权利保护可以根据具体元素分别从文字作品、美术作品、音乐作品或者计算机软件作品等角度进行，但是如此细分权项的保护往往只能保护网络游戏中的某一项元素类别，并不足以实现对具有完整性特征的网络游戏给予充分保护和实质性保护，这也使得侵权者很容易通过回避、更换整体游戏中某一类别元素的方式来逃避侵权责任。基于此，法院在现行著作权法框架内，以包含游戏玩法规则及所有游戏素材的游戏运

---

❶ 详见暴雪娱乐有限公司、上海网之易网络科技发展有限公司诉广州四三九九信息科技有限公司、四三九九网络股份有限公司著作权侵权及不正当竞争纠纷案（以下简称"守望先锋案"），上海市浦东新区人民法院（2017）沪 0115 民初 77945 号。

行整体画面作为比对基础，以期实现对网络游戏的整体保护，具有相应的事实基础和法律依据。

3. 改编权的定义，以及本案游戏"换皮"行为应当如何定性？

（1）改编权的定义。

改编权是我国著作权法明确规定的 17 项著作人身权和财产权中的一项具体权项。2020 年《著作权法》第 10 条第 1 款第（14）项规定："改编权，即改变作品，创作出具有独创性的新作品的权利。"一般认为，改编作品是指根据已有文学、艺术、科学作品进行的一种再创作。改编作品与原作品之间必须具有某种实质性联系。具体而言，改编作品应当是建立在原作品基础之上的再创作，即无论是否改变作品类型，原作品的内容在新作品中应当具有实质性呈现，这包括改变作品类型如将小说改编成话剧，也包括不改变作品类型如将短篇小说扩写成长篇小说，等等。由于改编权所控制的是他人对作品未经授权的派生性创作行为，因而著作权法保护改编权的目的在于保护著作权人因作品改编而产生的派生利益。改编权的控制范围，既包括著作权人有权自己对作品进行改编，也包括授权许可他人进行改编。

（2）侵害改编权的行为。

未经著作权人授权许可，他人擅自对享有著作权的作品进行改编，不符合合理使用条件的，其擅自改编行为构成侵害改编权。侵害改编权与侵害复制权不同。2020 年《著作权法》第 10 条第 1 款第（5）项规定："复制权，即以印刷、复印、拓印、录音、录像、翻录、翻拍、数字化等方式将作品制作一份或者多份的权利"。可见，对原作品进行原样或基本原样"再现"的行为，构成侵害复制权，而非侵害改编权。侵害改编权的行为，主要体现为改编作品与原作品之间存在"实质性相似"。

所谓"实质性相似"，通常是指在后作品尽管从形式上看与原作品基本表达之间存在一定差异，但该差异并未达到两者"实质性不相似"的程度，故而在后作品仍应视为系原作品的派生创作。需要强调的是，著作权法保护著作权人改编权的意义在于，对于原作品的保护，如果仅限于原作品文本的字面内容，则抄袭者极易通过非实质性改变而轻易逃脱法律责任，这不符合著作权法保护原作品独创性的立法目的。

关于"实质性相似"的比对方法。从审判实践看，判断是否构成"实质性相似"，是侵害改编权纠纷案件的审理重点和难点。因为"实质性相似"的判断难度明显大于字面抄袭，具有相当程度的不确定性，因而侵权比对方法是否正确，直接关系到比对结论正确与否，进而影响对改编权控制范围的确定。通常在改编权纠纷案件中，首先需要对两个作品进行整体对比，因为只有在改编作品涉及原作品的基本内容或者核心部分内容时，才为改编权所控制。以文学艺术作品为例，通常要整体比对作品的人物设置与人物关系、故事内容与故事情节，并分析考量普通受众的感知与欣赏体验等。尽管改编作品相对于原作品附加了新的独创性内容，但基于两部作品的基本内容或核心部分构成实质性相似，仍然极易导致受众对两部作品产生相同或相似的欣赏体验，并进而产生改编作品系原作品的派生创作的认知。其次，关于局部比对。有观点认为，改编权不仅控制作品的整体改编，也控制作品的局部改编，只要在后作品与在先作品相比，有部分内容相同或实质性相同，例如某些故事桥段相同或实质性相同，均应认定构成侵害改编权。然而，如果从著作权法规定的改编权定义出发，即改编权系改变作品，创作出具有独创性的新作品的权利，因改编作品并没有脱离原作品的实质性内容，而改编权所保护的正是基于原作品产生的派生创作利益，因此当他人仅是少量利用原作品的部分片段或故事桥段，尚不足以达到在改变原作品基础上产生新作品程度时，此种情形就不应当纳入改编权的保护范围，所涉行为可以由复制权加以控制，或者归入合理使用的范畴。最后，关于不受保护的表达。最高人民法院在指导案例 81 号"张晓燕诉雷献和、赵琪、山东爱书人音像图书有限公司著作权侵权纠纷案"中认为，对于"公有领域信息""具有唯一性或有限性的表达形式"，著作权法不予保护，因而在进行"实质性相似"的侵权判定时，对于单纯属于公有领域素材以及有限表达不予保护。但应当注意的是，在剔除那些不受保护的内容时，对于上述不受保护内容的选择和编排组合，如果能够体现出创作者的独创性，仍应认定构成著作权法保护的表达。

（3）本案游戏"换皮"行为的定性。

在前述"守望先锋"案中，浦东法院认为，"换皮"游戏本质上就是在全面改变第五层游戏全部外部美术造型的基础上，保留对于第三层和第四层内容的抄袭，从而最大限度地简化最耗费经济成本和时间成本的核心游戏资源制作及功能调试阶段，直接实现游戏的逻辑自洽。❶ 在"太极熊猫"案中，法院亦认为，"换皮"抄袭一般是指在后游戏使用与在先游戏不同的 IP 形象、音乐等元素，而在玩法规则、数值策划、技能体系、操作界面等方面完全与在先游戏相同或者实质性相似。由于玩法规则、数值策划、技能体系、操作界面是一款游戏的核心内容，因此其可以实现与在先游戏在操作习惯、用户体验等方面的一致。同时，通过对在先游戏的"换皮"抄袭，可以大量减少游戏的开发成本投入，缩短游戏的开发周期。本案中，蜗牛公司提交的大量证据可以证明，《花千骨》游戏实施了对《太极熊猫》游戏的"换皮"抄袭，属于侵害改编权的行为。具体理由如下：

首先，根据法院查明的事实，《花千骨》V1.0 游戏软件的计算机软件著作权登记存档资料中，功能结构模块图、功能流程图以及封印石系统入口 UI 参考图 1、参考图 2 等全部 26 张 UI 界面所使用的均为《太极熊猫》游戏的元素和界面。天象公司及爱奇艺公司抗辩认为系其委托的第三方登记公司随意使用的图片，该主张明显不符合常理。同时，该使用行为从另一个侧面印证了蜗牛公司关于天象公司及爱奇艺公司为了在《花千骨》电视剧热播期间尽快推出游戏产品，进而使用"换皮"抄袭的主张。

其次，《花千骨》游戏与《太极熊猫》游戏在对战副本、角色技能、装备及武神（灵宠）系统等 ARPG 游戏的核心玩法及其相应的表达内容上

---

❶ 详见暴雪娱乐有限公司、上海网之易网络科技发展有限公司诉广州四三九九信息科技有限公司、四三九九网络股份有限公司著作权侵权及不正当竞争纠纷一案，上海市浦东新区人民法院（2017）沪 0115 民初 77945 号。

存在诸多的实质性相似之处，且在 47 个装备的 24 个属性数值上，均呈现出相同或相同比例微调的对应关系。同时，在某些设计缺陷上，《花千骨》游戏与《太极熊猫》游戏亦完全一致，进一步证明其实施了"换皮"抄袭行为。例如，在《太极熊猫》"炼星"界面上，主体部分的八卦图 8 个圆圈中实际只使用了下面两个圆圈，真正可以点击的只有最下方的一个，整体画面大部分被浪费，此为蜗牛公司界面设计上的失败之处，但《花千骨》游戏中亦复制了该设计。

最后，网络游戏的最终用户即网络游戏玩家对两款游戏的相似性感知及操作体验，亦是判断两者是否相似的重要考量因素。本案中，蜗牛公司列举了部分新浪微博用户发言及 iOS 系统《花千骨》游戏的用户评论内容，其中有"《花千骨》手游好像《太极熊猫》一个模子刻出来的""刚公测的时候就玩了这个游戏，感觉跟'熊猫'这款游戏……副本、竞技、冲塔的模式几乎一样，不一样的就是职业、游戏人物跟各大场景"等内容，这足以证明对于参与网络游戏的玩家来说，已经可以非常明显地感知到两款游戏在玩法规则、数值策划、技能体系、操作界面等方面的实质相似性。

综上所述，本案例中，虽然《花千骨》游戏在 IP 形象、音乐、故事情节等方面与《太极熊猫》游戏不同，但是这并不能改变其在某些特定核心内容上对《太极熊猫》游戏进行实质性"换皮"抄袭的侵权认定。由此可见，法院认定被告更换游戏 IP 形象、音乐、故事情节的行为侵害了《太极熊猫》游戏的改编权，具有相应的事实和法律依据。

第二节　体育赛事直播画面的作品性质认定

【案例导读】

近年来，就体育赛事直播画面能否认定为类电作品并获得著作权法保护，学界及司法界争论极为激烈，相关案件历经一审、二审及再审前后长达 8 年之久，直到 2020 年年底，北京市高级人民法院（以下简称"北京高院"）分别就"新浪案"❶ "央视国际案"❷ 作出再审判决，就"NBA案"❸ 作出二审判决，才使得相关争议告一段落。尽管上述三案所涉赛事有所差异，被诉行为性质也有所不同，但争议的核心问题基本相同，即各案中原告均主张其享有权利的体育赛事直播画面构成类电作品，被告未经许可在网络上实施直播或点播，构成侵犯著作权，请求法院责令被告承担停止侵权、赔偿损失的民事责任。当然，除"央视国际案"的原告仅主张侵害著作权外，在"新浪案"和"NBA 案"中，原告还主张被告的行为同时构成不正当竞争。该三案中，"新浪案"二审法院和"央视国际案"一审、二审法院均认定涉案赛事直播画面不构成类电作品，只构成音像制品，仅"新浪案"一审法院支持了原告的诉讼请求。由于争议激烈，在业界的持续推动下，经过学界和司法界的深入探讨，北京高院最终认定涉案体育赛事直播画面均属于类电作品，并在上述判决中详细阐述了裁判理由，其裁判结果得到较为广泛的赞同。

本节选择介绍"新浪案"的审理经过。通过分析比较一审、二审及再审裁判思路和理由，引导学生深入学习了解著作权法关于作品构成要件的规定以及类电作品的认定，进一步理解就独创性有无还是独创性高低采取

---

❶ 北京新浪互联信息服务有限公司（以下简称"新浪公司"）诉北京天盈九州网络技术有限公司（以下简称"天盈九州公司"）、第三人乐视网信息技术（北京）股份有限公司（以下简称"乐视公司"）侵害著作权及不正当竞争纠纷案（以下简称"新浪案"），一审：北京市朝阳区人民法院（2014）朝民（知）初字第 40334 号；二审：北京知识产权法院（2015）京知民终字第 1818 号；再审：北京市高级人民法院（2020）京民再 128 号。

❷ 央视国际网络有限公司诉暴风集团股份有限公司侵害著作权纠纷案（以下简称"央视国际案"），一审：北京市石景山区人民法院（2015）石民（知）初字第 752 号；二审：北京知识产权法院（2015）京知民终字第 1055 号；再审：北京市高级人民法院（2020）京民再 1287 号。

❸ 美商 NBA 产物股份有限公司诉上海众源网络有限公司等侵害著作权及不正当竞争纠纷案（以下简称"NBA 案"），一审：北京市第一中级人民法院（2014）一中民（知）初字第 6912 号；二审：北京市高级人民法院（2018）京民终 562 号。

不同的标准，将产生不同的司法认定结果，进而对相关体育产业的发展产生影响。因此，有关作品独创性标准的讨论，是著作权法领域的重大理论与实践问题。此外，需特别说明的是，本案例系在 2020 年《著作权法》之前作出的裁判，而案例中使用并讨论的"类电作品"概念，已经在 2020 年《著作权法》第三次修正中被修订为"视听作品"。

【案例介绍】

1. 涉案相关权属

2006 年 3 月 8 日，中国足球协会出具授权书。该授权书载明："依据《国际足联章程》和《中国足球协会章程》的规定，中国足球协会是中超联赛所产生的所有权利的最初拥有者。这些权利包括各种财务权利、视听和广播录制、复制和播放版权、多媒体版权、市场开发和推广权利以及无形资产如徽章和版权等。为推动中国足球超级联赛（以下简称'中超联赛'）的发展，我会授权中超联赛有限责任公司（以下简称'中超公司'）代理开发经营中超联赛的电视、广播、互联网及各种多媒体版权，中超联赛冠名权、赛场广告权、专项物品供应权，中超联赛形象设计、信息资源、品牌资源等无形资产，中超联赛可能产生的其他权利和资源（不包括参赛俱乐部自身资产所形成的资源）。中超公司可以对上述资源进行全球范围内的市场开发和推广，有权进行接洽、谈判及签署相关协议等，有权经中国足球协会备案后在本授权范围内进行转委托。本授权为中国足球协会对中超联赛资源代理开发经营的唯一授权，有效期十年（2006 年 1 月 1 日至 2015 年 12 月 31 日）。"

2012 年 3 月 7 日，中超公司（甲方）与新浪公司（乙方）签订协议。双方约定，甲方授权乙方在合同期内，享有在门户网站领域独家播放中超联赛视频，包括但不限于比赛直播、录播、点播、延播；上述所提及的门户网站，甲方不得再进行任何形式合作的网站，包括但不限于：腾讯网（www.qq.com；www.tencent.com）、搜狐（www.sohu.com）、网易（www.netease.com；www.163.com）、凤凰网（www.ifeng.com）、TOM（www.tom.

com）、人民网（www.people.com）、新华网（www.xinhuanet.com）；合同有效期自 2012 年 3 月 1 日起至 2014 年 3 月 1 日；为避免歧义，本合同规定与乙方业务相同或有竞争关系的互联网门户网站包括但不限于腾讯网、搜狐、网易、凤凰网、TOM、人民网、新华网等；甲方应确保，上述与乙方有竞争关系的门户网站，不得以任何形式，包括但不限于直接盗用电视信号直播或录播中超赛事以及制作点播信号，以跳转链接的方式，公然虚假宣传其拥有或者通过合作获得直播、点播中超赛事的权利。

2013 年 12 月 24 日，中超公司向新浪公司出具授权书。其中，该授权书载明，作为中国足球协会授权中超联赛所有商务资源的独家代理商和授权公司，中超公司特此证明新浪公司有权采取包括诉讼在内的一切法律手段阻止第三方违法使用上述视频并获得赔偿。

2013 年 8 月 1 日，山东鲁能 VS 广东富力、申鑫 VS 舜天进行的中超联赛，新浪公司依上述授权在其运营的新浪网（www.sina.com）享有该涉案两场赛事的门户网站领域独占转播、传播、播放中超联赛及其所有视频，包括但不限于比赛直播、录播、点播、延播的权利。

2. 被诉盗播行为

天盈九州公司为凤凰网（www.ifeng.com）的网站所有者，负责该网站的运营。在凤凰网"中超"栏目下，点击"点此进入视频直播间"后，进入"体育视频直播室"，网址为"ifeng.sports.letv.com"，在其预告页面上注明"凤凰体育将为您视频直播本场比赛，敬请收看！"字样。新浪公司对该直播室有涉案两场比赛（2013 年 8 月 1 日中超"山东鲁能 VS 广东富力""申鑫 VS 舜天"）的实时直播视频进行了公证，该两场比赛的播放页面网址均为 www.ifeng.sports.letv.com，且分别显示有 BTV、CCTV5 的标识，在该页面上方还显示有两个返回入口，即"凤凰体育""乐视体育"。上述两场比赛，均有回看、特写、场内、场外、全场、局部的画面，以及有全场解说。

乐视公司与天盈九州公司认可曾因合作关系共建了涉案播放页面（www.ifeng.sports.letv.com）。在合作期间，乐视公司向该域名下的网页推送视频，但之后双方停止合作。就涉案赛事转播的来源，天盈九州公司提出系转链接乐视网的内容，乐视公司予以否认，但未就此举证。双方认可该涉案赛事播放的网络地址已无法打开。

在二审程序中，新浪公司补充提交了2013年度、2014年度中超联赛公用信号制作手册。其中：《2013万达广场中国足球协会超级联赛电视转播公用信号制作手册》共计32页，内容包括公用信号技术标准、转播车配置、机位图和说明、慢动作系统、音频要求、公用信号制作规范、慢动作说明及规范、字幕操作要求、评论席、单边ENG和DSNG预定协调、信号传输规范、信号传输技术标准、在线包装系统使用规范等。其中，摄像机机位设置包括8+1讯道、10讯道、12+2讯道三种情况。

《2014中国平安中国足球协会超级联赛电视转播公用信号制作手册》共计33页，在2013年制作手册内容的基础上，对摄像机机位设置、慢动作锁定、镜头切换基本原则、字幕要求、公用信号流程等方面做了更新要求。其中12+2的摄像机设置、镜头切换以及慢动作锁定、功能、说明及规范的具体信息如下。

摄像机使用。7号、12号机：射门和近端犯规及纵向犯规、球员、观众；4号、5号机：越位、巡边、角球；1号、3号机：犯规射门、人墙、守门员；2号机：比赛全景；8号机：教练、换人、反角度射门、远端犯规及观众；9号机：运动员通道、入场升旗仪式、运动员移动、教练特写和换人、观众、瞬间采访；10号、11号机：边路突破和定位球、犯规；6号机：定位球、近端或远端射门、纵向犯规；13号、14号机：进球特写。

慢动作锁定（8路-EVS）。7号、6号机（2路）：分别锁定；4号、5号机（2路）：分别锁定，确保越位表现；1号、3号机（2路）：分别锁定；8号机（1路）：锁定；9号机（1路）：锁定；10号、11号机（2路）：选择锁定；6号机（1路）：锁定；13号、14号机（1路）：选择锁定。

切换基本原则。导演细心研究赛事，精心设计镜头，充分使用现代化设备，用讲故事的手法，生动地把运动员在赛场上精彩场面以及喜怒哀乐的神情传达给观众；跟随运动进程，如果运动员跑出一台摄像机的拍摄范围，则有另外一台摄像机接替拍摄；展示新的信息，比如全景展示赛场全貌、特写描述细节等；强化细节，比赛选手的特写镜头能揭示他的紧张情绪；讲述故事，比如一些画面的组接，需要展示运动员、队友、教练以及观众的反应镜头，并将其间的关系陈述清楚；吸引观众的注意力，变换景别或视觉角度，增加新鲜感。

慢动作说明及规范。比赛精彩镜头的制作要把握节奏的切换，划分比赛段落。通常在有明显视觉变化、运动项目本身的段落以及发生一连串的连续性动作时进行；内容对比、交替剪接可以制造悬疑紧张的气氛，连续短促的切换会加强观众联想与期待的心情，从而将紧张和悬念呈现给观众；摄影师精准捕捉到画面，构图合理、焦点清晰。慢动作操作员熟悉所用器材、每段素材入/出点位置合理。慢动作导演调动及时、准确，给切换员清晰明确的指令。切换员配合导演，慢导衔接实时与慢动作回放的切换台按键操作；两个慢动作画面的衔接处出现静帧画面，要保持画面的流畅与舒展。

慢动作功能。即时回放：时空重塑；答疑解惑：足球的越位、身体接触中小动作犯规、球落地进门、界外判定、红黄牌判定等；重复强调：同一动作的单/多角度、不同景别的回放，突出情绪、强调情节；相关补充：教练、对手、观众的反应；集锦制作：有构思、有衔接、有头尾、有信息量；特殊场景：运动员鬼脸、嗜睡的婴儿、狂热的球迷等。

二审庭审中，新浪公司表示其仅对涉案比赛直播的公用信号主张权利，不包括评论员对赛事的解说，且明确作品类型属于著作权法规定的类电作品。新浪公司的专家证人表示中超赛事转播团队需要具有相当的转播水准，且需按照《公用信号制作手册》的要求进行公用信号的制作。

在再审审理过程中，新浪公司提交了两份分别由中央电视台和日本富士电视台转播的2015年女排世界杯中国队与日本队决赛比赛视频及两份视频相关画面对比分析，用以证明不同主体针对同一赛事基于对赛事素材的个性化选择、编排等创作性劳动，能够形成不同的赛事视频表达。上述证据显示在比赛过程中尤其是两队处于相同比分的节点上，视频的拍摄角度、拍摄对象以及特写镜头选取上存在明显差异。

3. 双方诉辩主张

新浪公司认为，涉案转播赛事呈现的画面是应当受到我国《著作权法》保护的作品，天盈九州公司未经合法授权，在网站上设置中超频道，非法转播中超联赛直播视频，严重侵犯了新浪公司的独占权利，存在主观恶意，请求停止侵权，赔偿损失 1000 万元。天盈九州公司辩称，新浪公司起诉于法无据，足球赛事不是著作权法保护对象，对体育赛事享有权利并不必然对体育赛事节目享有权利。

4. 法院裁判结果

就涉案赛事直播画面是否构成作品，一审法院认为，对赛事录制镜头的选择、编排，形成可供观赏的新的画面，无疑是一种创作性劳动，且该创作性从不同的选择、不同的制作，会产生不同的画面效果恰恰反映了其具有独创性。即赛事录制形成的画面，构成我国《著作权法》对作品独创性的要求，应当认定为作品；乐视公司、天盈九州公司以合作方式转播的行为，侵犯了新浪公司对涉案赛事画面作品享有的著作权。判决：（1）天盈九州公司停止播放中超联赛 2012 年 3 月 1 日至 2014 年 3 月 1 日的比赛；（2）天盈九州公司于判决生效之日起 30 日内履行在其凤凰网（www.ifeng.com）首页连续 7 日登载声明的义务；（3）天盈九州公司赔偿新浪公司经济损失 50 万元；（4）驳回新浪公司其他诉讼请求。

对此，天盈九州公司不服一审判决，提起上诉。二审法院认为，涉案两场赛事公用信号所承载连续画面既不符合类电作品的固定要件，亦未达到类电作品的独创性高度，涉案赛事公用信号所承载的连续画面未构成类电作品，无法认定新浪公司对其享有著作权，故被诉行为未构成对新浪公司著作权的侵犯，依法予以纠正。在一审程序中，新浪公司除提出侵犯著作权这一诉由外，亦认为被诉行为构成不正当竞争行为。一审法院在认定被诉行为构成侵犯著作权行为的情况下，认为新浪公司所受侵害无须再以反不正当竞争法进行规制，对其不正当竞争诉由未再进行审理，而新浪公司针对这一认定并未提出上诉，故二审对该诉由无法进行审理。二审判决：撤销一审判决，驳回新浪公司的全部诉讼请求。

新浪公司对二审判决不服，向北京高院申请再审。北京高院再审认为：涉案赛事节目构成我国《著作权法》保护的类电作品，而不属于录像制品。新浪公司关于涉案赛事节目构成以类似摄制电影的方法创作的作品的再审主张成立，予以支持。本案中，新浪公司针对天盈九州公司通过信息网络向公众同步转播正在直播的涉案赛事节目的行为同时提出了侵犯著作权和构成不正当竞争的诉讼主张，一般而言，在知识产权客体的保护上，反不正当竞争法相对于知识产权专门法仅起补充保护作用。如果知识产权专门法已作穷尽规定，不再以反不正当竞争法进行保护；如果知识产权专门法无法提供保护，则在与知识产权专门法的立法政策相兼容的范围内，可以从制止不正当竞争的角度给予保护。因此，对于当事人针对同一被诉侵权行为同时主张被告侵犯著作权和构成不正当竞争的情形，可以一并进行审理。如果原告的诉讼主张能够依据著作权法获得支持，则不再适用反不正当竞争法进行处理；如果原告关于侵犯著作权的诉讼主张未获得支持，在与著作权法立法政策不冲突的情况下，才有必要考虑是否从制止不正当竞争的角度给予保护。再审判决：撤销二审判决，维持一审判决。

以上可见，涉案体育赛事直播画面的独创性判断标准，是该案审理的核心争议问题。对此，二审法院和再审法院分别给出了以下完全不同的分析意见和理由。

二审法院认为：

首先，基于我国《著作权法》区分著作权和邻接权两种制度，在相关连续画面区分为类电作品与录像制品的情况下，应当以独创性程度的高低作为区分二者的标准。换言之，独创性程度高，才能认定为类电作品，而独创性程度低，则只能认定为录像制品。

其次，基于体育赛事直播画面的创作空间有限，涉案两场中超赛事公用信号所承载的连续画面难以达到类电作品的独创性高度。二审法院特别结合中超赛事公用信号直播的客观限制因素（赛事本身的客观情形、赛事直播的实时性、对直播团队水准的要求、观众的需求、公用信号的制作标准），从纪实类的类电作品独创性判断的三个角度对中超赛事公用信号所承载连续画面的独创性高度进行了分析：（1）对素材的选择。对于赛事直播而言，如实反映比赛进程是其根本要求，直播团队并无权选择播放或不播放某个时间段的比赛，而是必须按照比赛的客观情形从头至尾播放整个比赛，因此，如果将各个时间段的比赛作为素材，直播团队并无选择权。（2）对素材的拍摄。在体育赛事的直播中，各个成熟赛事基本上均有严格的《公用信号制作手册》，虽然不同赛事手册的完备程度不同，但原则上各直播团队均需按照手册严格执行。在《公用信号制作手册》涉及的各具体内容中，对于拍摄画面个性选择空间影响最大的在于机位的设置，这一内容在本案新浪公司所提供的 2013 年、2014 年《公用信号制作手册》中均有明确记载，各个机位的摄像机有具体负责的特定区域，这一规定使得每个摄像机在拍摄空间上受到严格限制。虽然在拍摄空间受到限制的情况下，不同的摄像所拍出的画面会有所不同，但同样不能忽视的是，在拍摄过程中，涉案赛事直播团队的摄影师还会受到以下两个因素的进一步限制：其一为观众的需求；其二为符合直播水平要求的摄影师所常用的拍摄方式及技巧。体育赛事公用信号的直播目的在于使观众可以更好地欣赏比赛，如何更好地满足观众需求是在这一过程中必然会考虑的因素。因此，对于涉案赛事每个具体机位的摄影师而言，理论上其虽可以在该机位所负责区域内完全按自己的意愿拍摄，但实则不然，其必然会尽可能从观众需求的角度进行考虑，这显然进一步限制了摄影师的选择空间。（3）对拍摄画面的选择及编排。在直播过程中，摄影师将其拍的画面传输给直播导演，导演将收到的各个机位的画面选择后直播，其中包括选择特定的慢动作镜头。在这一过程中，虽然不同的直播导演所作选择可能存在差异，但如实反映赛事现场情况是赛事组织者对直播团队的根本要求，因此，导演对于镜头的选择必然需要与比赛的实际进程相契合。当然，比赛本身是不可控的，但这并不意味着对于比赛的进程不能合理预期。直播导演会基于其对规则、流程以及比赛规律的了解，尽可能使其对画面的选择和编排更符合比赛的进程，而这一能力对于同等水平的直播导演而言并无实质差别，相应地，不同直播导演对于镜头的选择及编排并不存在过大的差异。在赛事直播中，通常认为慢动作和集锦最能体现导演的独创性劳动，但实际上对于慢动作的选择同样有章可循，在一些特定情形下（如射门、犯规等），使用慢动作是直播导演的常规做法，上述情形的存在使得不同直播导演所体现出的个性化程度有限。不仅如此，对于一些镜头的选择及慢动作的使用在《公用信号制作手册》中亦有要求，比如，在中超赛事的《公用信号制作手册》中明确要求，开场前"3：15—2：15 队长挑边、裁判近景"、开场前"2：15—1：30 主队首发队员"、开场前"1：30—1：00 双方教练近景"等。对于慢动作的使用情形则规定有"足球的越位、身体接触中小动作犯规、球落地进门、界外判定、红黄牌判定等""运动员鬼脸、嗜睡的婴儿、狂热的球迷"等，这些都直接影响导演的个性化选择。集锦则属于较为特殊的情形。集锦的制作不受比赛实时性的影响，直播导演通常是在上下半场或全场的全部镜头中进行选择，故其可能具有较大的个性化选择空间。因此，如果仅就集锦本身而言，其可能达到较高的独创性程度。但需要指出的是，新浪公司主张构成类电作品的是整场比赛公用信号所承载连续画面，而非集锦。中超赛事公用信号中的赛事集锦仅包括四分钟（《制作手册》中明确规定，"上半场结束后提供 2 分钟的 Highlights；……终场运动员离开赛场后开始提供 2 分钟的 Highlights"），四分钟集锦虽然可能具有较大的个性化选择空间，但其并不足以使整个赛事直播连续画面符合类电作品的独创性高度要求。

再审法院则认为：涉案体育赛事直播画面应当认定为类电作品，对于体育赛事直播画面的创作要求较高的独创性标准，一是不符合著作权法关于作品独创性标准的立法本意，二是不符合赛事直播画面的创作规律与创作实际。

首先，关于类电作品独创性要求的理解。从体系解释的角度，类电作品与录像制品的划分标准应为独创性之有无，而非独创性之高低。我国《著作权法》对于连续画面通过著作权与邻接权两种途径予以保护，前者对应的客体为类电作品，后者对应的客体为录像制品。从形式上看，二者均表现为连续画面，但二者之间实质性区别的划分标准应为有无独创性，而非独创性程度的高低。

其次，涉案赛事节目达到构成类电作品的独创性要求。涉案赛事节目是极具观赏性和对抗性的足球赛事项目，为适应直播、转播的要求，该类赛事节目的制作充分运用了多种创作手法和技术手段。从该类赛事节目的制作过程看，一般包括如下步骤：一是摄制准备，制作者需要在赛事现场对摄制场景、拍摄范围、机位定点以及灯光音效等进行选择和安排，该步骤需要对赛事规律、运动员的活动范围等作出充分预判；二是现场拍摄，制作者在拍摄采集时需要对镜头定焦、拍摄视角、现场氛围等进行选择和判断，为了全方位捕捉现场精彩画面，经常需要进行多镜头分工配合；三是加工剪辑，制作者运用包括数字遥感等技术在内的多种计算机程序，对不同摄像机采集后的赛事视听内容进行选择、加工和剪辑，并将视听内容对外实时传送。上述制作过程必然要求主创人员根据创作意图和对赛事节目制作播出要求的理解作出一系列个性化的选择和安排。（1）对素材的选择是否存在个性化选择。中超赛事公用信号所承载的连续画面是由一帧帧连续的画面组成，尽管一场具体的赛事节目整体上只能限于同一场比赛，但由于比赛进程的丰富性、场内外各种情形的不可预知性以及多机位多角度拍摄画面的多样性，使得在具体时点上每一帧画面的形成、选择以及画面的连续编排，仍存在对拍摄对象等素材进行个性化选择的多种可能性。（2）对素材的拍摄是否受到限制。中超赛事公用信号的制作尽管要遵循相关信号制作手册的要求、考虑观众需求以及摄影师应具有符合直播水平要求的技术水准，但上述因素并不足以导致涉案赛事节目的制作丧失个性化选择的空间。（3）拍摄画面选择及编排的个性化选择空间是否相当有限。中超赛事公用信号所承载的连续画面及涉案赛事节目的制作存在较大的创作空间，并不属于因缺乏个性化选择空间进而导致表达有限的情形。在被告未提出相关抗辩，双方当事人也未进行充分举证、质证的情况下，以中超赛事公用信号所承载的连续画面及涉案体育赛事节目相较非纪实类作品具有更小的个性化选择空间为由否定涉案赛事节目的独创性，缺乏事实及法律依据。此外，新浪公司在本案再审中补充提交的证据表明，对于同一场体育赛事，由不同转播机构拍摄制作的赛事节目在内容表达上存在明显差异，进一步印证体育赛事节目的创作存在较大的个性化选择空间。

【思考题】

1. 作品的构成要件是什么？如何理解作品的独创性？

2. 什么是类电作品（视听作品）？涉案体育赛事直播画面是否构成类电作品？

【案例分析】

1. 作品的构成要件是什么？如何理解作品的独创性？

2020年《著作权法》第3条规定："本法所称的作品，是指文学、艺术和科学领域内具有独创性并能以一定形式表现的智力成果。"据此，著作权法保护的作品范围，仅限于文学、艺术和科学领域内创作的智力成果。作品的构成要件包括两项：一是具有"独创性"；二是"能以一定形式表现"。

（1）独创性要件。

对作品的独创性定义，我国《著作权法》并未作出具体规定，通说认为，著作权法意义上的独创性，至少包括以下两方面的要求。❶

①作品系由作者独立创作完成，而不是对他人现有作品的复制。换言之，只要作品是作者独立创作完成的，即使作品碰巧与他人作品相同或者实质性相同，也并不影响其独创性的认定。最典型的例子是，在同一风景区同一角度拍摄的风景照，有时很难找出区别点。❷当然，对于绝大多数作品而言，创作行为是创作者的个人情感与表达，常常不可避免地带有作

---

❶ 崔国斌. 著作权法原理与案例 [M]. 北京：北京大学出版社，2014：69-70，73-74.

❷ 王迁. 著作权法 [M]. 北京：中国人民大学出版社，2015：20.

者"个性化"的烙印，因而在实际生活中，出现作品的表达形式完全相同却系各自独立创作完成的概率极小，尤其是当在先作品已经公开发表。因此，根据著作权法领域"接触+实质性相似"的侵权判定规则，在后作者如果不能提供证据证明其没有实际接触过在先作品且争议作品系其自身独立创作完成，通常被告所提出的不侵权抗辩事实上很难成立。

②作品具有最低限度的创作性，即只要创作出来的作品表达能够反映出作者的独特个性，体现作者对创作内容的独特选择与安排，并能够与他人作品以及公有领域作品的表达相区别，就能满足创作性的要求。需注意的是，所谓"最低限度的一点创作性"，源自美国联邦最高法院 1991 年在 *Feist* 案❶中确定的规则，即认定作品的独创性并不要求作品具有创作高度，只要求"独立完成"，且具有"最低限度的一点创作性"。这里的"最低限度的一点创作性"，显然特别强调的是，作品创作并不要求具有高度才行，事实上即使儿童"涂鸦式"的绘画作品也能够满足"最低限度的一点创作性"要求。❷

（2）"能以一定形式表现"要件。

作品"能以一定形式表现"，是指著作权法只保护具有一定表现形式的作品，不保护脱离具体表达的思想、情感、观念和意识。值得注意的是，《著作权法实施条例》第 2 条规定："著作权法所称作品，是指文学、艺术和科学领域内具有独创性并能以某种有形形式复制的智力成果。"据此规定，长期以来，我国著作权法理论认为，作品除"独创性"要件外，还包括"可复制性"要件，即要求著作权法所保护的作品独创性表达可以有形复制。但是，"可复制性"往往与具体作品类型的形式以及"可固定性"等问题纠缠不清，例如在"新浪案""央视国际案""NBA 案"二案审理

---

❶　Feist Publications, Inc. v. Rural Telephone Service Co., Inc. 美国联邦最高法院 499U. S. 340（1991）. 转引自：崔国斌. 著作权法原理与案例［M］. 北京：北京大学出版社，2014：74-79.

❷　关于作品独创性认定的两个方面，详见：李扬. 知识产权法基本原理（Ⅱ）——著作权法（修订版）［M］. 北京：中国社会科学出版社，2013：31-35.

过程中，有关案涉体育赛事"直播画面"是否已被"复制"或者"固定"的争议十分激烈，甚至影响到案件的裁判走向。故有观点认为，"如果同时要求'有形形式'，则一般是已'复制'的状态，故'有形形式'和'复制'在作品定义中同时存在确有逻辑问题"，在 2020 年《著作权法》第三次修正时，"对作品定义进行重新界定，使用'能以一定形式表现'措辞，使作品定义更加科学、严谨"。❶

2. 什么是类电作品（视听作品）？涉案体育赛事直播画面是否构成类电作品？

（1）类电作品。

所谓类电作品，是指"以类似摄制电影的方法创作的作品"的简称。需注意，类电作品系我国原《著作权法》第 3 条第（6）项规定的作品类型，即"电影作品和以类似摄制电影的方法创作的作品"，而在 2020 年《著作权法》第三次修正时已统一称为"视听作品"。

对于何为"电影作品和以类似摄制电影的方法创作的作品"，《著作权法实施条例》第 4 条将之解释为，"是指摄制在一定介质上，由一系列有伴音或者无伴音的画面组成，并且借助适当装置放映或者以其他方式传播的作品"。由此可见，类电作品与电影作品在创作方法及作品形态上具有共同特征，即类电作品是采用类似摄制电影的方法创作完成且具有类似电影声音、影像、音乐效果特征的作品，包括电视作品、MTV 音乐作品等。就电影作品和类电作品的著作权法立法发展，研究认为，我国"1990 年著作权法将'电影、电视、录像作品'明确列为作品的一个类型。2001 年修改著作权法时借鉴《伯尔尼公约》和一些国家的有关法律，将其修改为'电影作品和以类似摄制电影的方法创作的作品'。此次修法，充分考虑我国新技术新媒体尤其是互联网发展的现实需要，借鉴有关国际条约，将修改前的著作权法规定的'电影作品和以类似摄制电影的方法创作的作品'

---

❶ 杨柏勇，北京市高级人民法院知识产权庭．著作权法原理解读与审判实务［M］．北京：法律出版社，2021：62-63.

修改为'视听作品'。视听作品包括电影作品、电视剧作品和其他视听作品"。❶ 据此，在我国著作权法体系中，有关电影作品以及类电作品特征的分析，完全适用于新《著作权法》关于"视听作品"的分析。

（2）涉案体育赛事直播画面性质的认定。

在"新浪案"中，双方当事人从一审、二审一直到再审，争议焦点均归结为，涉案体育赛事直播画面是否符合类电作品的构成要件，进而能否获得著作权法的保护。对此，需要从"独创性"和"能以一定形式表现"两个要件分别加以分析。

①关于独创性判断。

首先，从独创性标准看。对于涉案体育赛事直播画面性质的认定，究竟是采用"独创性有无"标准，还是"独创性高低"标准，各方面争议很大。通说认为，对于作品的独创性应当从以下两方面进行判断：一是作品是否由作者独立创作完成，即作品应当由作者独立构思创作而非抄袭他人作品；二是作品的表达安排是否体现了作者的选择、判断，即要求作品应当体现作者的智力创造性。根据上述理解，著作权法意义上的录像制品限于复制性、机械性录制的连续画面，即机械、忠实地录制现存的作品或其他连续相关形象、图像。除此之外，对于在画面拍摄、取舍、剪辑制作等方面系运用拍摄电影或类似电影方法加以表现，能够反映制作者独立构思和表达，体现创作者个性选择的连续画面，则应当认定为类电作品。因此，体育赛事直播画面能否构成类电作品，同样应当遵循上述作品独创性有无的判断标准，而不是独创性高低标准。换言之，体育赛事直播画面具有独创性的，应当认定构成类电作品；反之，不具有独创性的，则认定构成录像制品。

其次，从体育赛事直播画面的创作空间看。涉案赛事节目内容为涉案赛事公用信号所承载的连续画面，该部分内容是通过广播电视、网络直播等方式远程欣赏赛事的观众能够看到的中超赛事节目的主要部分，具体包

---

❶ 石宏．著作权法第三次修改的重要内容及价值考量［J］．知识产权，2021（2）.

括：比赛现场的画面及声音、字幕、慢动作回放、集锦等。其中，运动员比赛活动的画面、现场观众观赛画面以及现场声音、球队及比分字幕、慢动作回放、射门集锦等，均是通过对多个机位拍摄画面的切换、组合而成，这些画面由预先设置在比赛现场的多台摄像机从多个机位进行拍摄形成，画面表现包括全场、半场、球门区、多个运动员特写、单个运动员特写等，慢动作回放以及射门集锦穿插其间等，从而为观众传递比赛的现场感，呈现足球竞技的对抗性、故事性。尤其是，包含上述表达的涉案赛事节目在制作过程中，大量运用了镜头技巧、蒙太奇手法和剪辑手法，在机位的拍摄角度、镜头的切换、拍摄场景与对象的选择、拍摄画面的选取、剪辑、编排以及画外解说等方面均体现了摄像、编导等创作者的个性选择和安排，具有独创性，不属于机械录制所形成的有伴音或无伴音的录像制品，符合类电作品的独创性要求。

最后，从直播实例看。根据本案例导读所示同期三个案例北京高院所作再审/二审判决书记载，涉案权利人均提交了不同拍摄主体摄制同一场赛事的镜头画面比较，说明即使是同一场赛事，不同的摄制主体所摄制完成的直播画面也差异很大，证明体育赛事直播画面本身创作空间很大。除"新浪案"外，在"央视国际案"中，权利人提交了中央电视台和北京电视台分别就2013年6月11日中国队与荷兰队国际足球友谊赛比赛录制的视频，以及两台录制视频相关画面的对比，证明该同一赛事在由不同机构拍摄时存在明显差异；抗战胜利70周年阅兵式中央电视台拍摄版与八一电影制片厂拍摄版，证明即使是纪实类视频在由不同拍摄机构对同一事件拍摄时亦存在明显差异。而在"NBA案"中，权利人提交了NBA赛事直播画面与影视作品比较，证明NBA赛事直播画面并非简单的"视觉呈现"，是通过多种镜头运用、摄影机运动、丰富的构图设计、独特的剪辑方式以及声音使用等方式，与电影创作的表达方式相似，具有独创性。由此可见，体育赛事直播画面创作空间是否有限，需要依个案证据加以判断，而该行业普通从业者的认知则至关重要。

通过以上分析，比较著作权框架内的作品与邻接权框架内的录像制品，两者区别正在于独创性的有无，而不是独创性的高低。因为，独创性高低是一个非常主观性的判断，在个案中究竟独创性是还是低，不同的裁判者因主观认知不同极有可能得出不同的结论，反而使得作品的保护标准变得难以把握。因此，在文学、艺术领域，除实用艺术品因兼具实用性与艺术性的双重属性，司法实践对其艺术性通常要求具有较高的审美外，对于《著作权法》第3条规定的作品类型，都应当采取独创性有无而不是独创性高低的判断标准，如此才能避免法律适用的不统一。可见，将独创性有无作为体育赛事直播画面类是否构成类电作品/视听作品的认定标准，不仅符合著作权法的立法本意，也符合作品创作的客观实际及其创作规律。

②"能以一定形式表现"。

如前所述，《著作权法实施条例》第2条规定的"能以某种有形形式复制"，在《著作权法》第三次修正时被修订为"能以一定形式表现"，这一立法修正的必要性，从体育赛事直播画面能否构成类电作品的争议中可见一斑。

在"新浪案"中，二审法院认为，公用信号是体育赛事直播行业的通用术语，由专业直播团队按照赛事组委会统一的理念及制作标准制作而成，不同赛事的公用信号制作标准会有所不同。公用信号通常包括比赛现场的画面及声音、字幕、慢动作回放、集锦等，且仅涉及确定时间段的内容。通常情况下，中超赛事公用信号所承载的画面是否已被固定，因现场比赛转播阶段的不同而有所不同。现场直播过程中，因采用随摄随播的方式，此时整体比赛画面并未被稳定地固定在有形载体上，因而此时的赛事直播公用信号所承载画面并不能满足电影类作品中的固定的要求。赛事直播结束后，公用信号所承载画面整体已被稳定地固定在有形载体上，此时的公用信号所承载画面符合固定的要求。

再审法院则认为，《著作权法实施条例》第4条有关电影类作品定义中规定"摄制在一定介质上"，其目的在于将被摄制的形象、图像、活动与摄制后的表达进行区分，明确该类作品保护的是智力创作成果而非被创作的对象，保护的是表达，而非思想或情感本身。只有被摄制的形象、图像、活动等因加入了摄制者的个性，即摄制者的独创性使之从客观现实中具化并转变为某一介质上的表达时，摄制者才能够证明作品的具体内容，并将之进行复制传播，进而才能为他人所感知。因此，"摄制在一定的介质上"要求的规范意义在于摄制者能够证明作品的存在，并据以对作品进行复制传播。

由此可见，对于体育赛事直播画面能否满足"可复制性"要件，二审法院的逻辑起点是，著作权法将"摄制权"定义为"以摄制电影或者以类似摄制电影的方法将作品固定在载体上的权利"，因此随摄随播的公用信号并未被固定在有形载体上，故不能满足"可复制性"要件，换言之，电影作品及类电作品的"可复制性"指向的是"固定"要件。而再审法院则强调，应将摄制对象与摄制表达加以区分，当被摄制对象已经通过摄制呈现为具体表达时，即使是随摄随播，但只要通过摄制完成了直播画面的传输，就已经满足"可复制性"的要求。

事实上，根据日常生活经验，现有大型直播技术不仅能实现随摄随播，而且对于比赛过程中如进球等精彩瞬间还能实现随时回放，这表明随摄随播的公用信号在传输、存储复制以及固定方面并不存在技术障碍。因此，当直播赛事画面通过电视、网络等媒体被观众欣赏的同时，直播画面的表达形式已经完成。由此可见，《著作权法》第三次修正将作品的"可复制性"要件修正为"能以一定形式表现"，具有很强的针对性，有助于解决在体育赛事直播画面类电作品认定中有关"可复制性"要件的理解困惑。如果将《著作权法实施条例》第 4 条规定的"摄制在一定介质上"，等同于要求"固定"或者"稳定地固定"，并将"固定"进一步限定为"应已经稳定地固定在有形载体上"，显然并不符合现有传播技术发展的实际，且极易过度限缩该类作品的内涵和外延。

综上所述，北京高院根据"新浪案"以及"央视国际案"和"NBA案"三案中查明的事实，依据《著作权法》第三次修正之前的法律规定，认定案涉体育赛事直播画面符合类电作品的构成要件，并应当给予著作权法保护，其法律适用是准确的。该裁判尺度对于深入理解作品的独创性判断标准，以及"可复制性"本质上就是"能以一定形式表现"，无疑具有启示意义。

第三节　导演聘用合同纠纷案件的裁判思路

【案例导读】

我国曾长期实行导演中心制，即导演在影视创作中占据主导地位，而代表投资方的制片方居于次要地位。近十年来，随着影视行业产业化和市场化的快速发展，影视行业的资本投入和利润回报亦不断增大，制片方通过加强对影视制作全过程的审查和管理，以期获得最大的商业利益，与此同时，导演在影视创作中的核心地位也越来越被投资方所削弱，纷争时有所见。

本节介绍章某某诉江苏真慧影业有限公司（以下简称"真慧公司"）导演聘用合同纠纷一案。❶ 该案双方争议的核心问题是，在公映的电影《杀戒》片头上，投资方对总导演章某某以"前期总导演"的方式进行署名是否恰当，以及章某某是否享有剩余的 20 万元报酬请求权？围绕上述争点，法院在查明事实的基础上，对所涉合同最终剪辑权条款应当如何解释及其违约责任的认定，都进行了细致的分析。在该案审理过程中，投资方强调电影拍摄投资浩大且风险巨大，司法应当维护投资方的利益；而总导演则请求法院还导演权利和社会公道，以促进中国电影产业的发展，促进高质量电影作品的创作。在一个案件中，双方当事人都要求司法给个说法，足以说明在纠纷发生时我国影视行业的市场规则不够清晰，且未形成普遍公认的行业共识，需要通过个案审理从法律层面进一步明晰投资方与导演各自权利义务的边界。本案例旨在引导学生关注影视行

---

❶　一审：江苏省南京市中级人民法院（2013）宁知民初字第 164 号；二审：江苏省高级人民法院（2014）苏知民终字第 0185 号。

业所涉剧本策划、编剧和拍摄、后期制作以及日益重要的电影营销、宣传等相关法律实务问题，尤其是如何准确进行合同条款的解释，并有效解决当事人之间的争议。

【案例介绍】

1. 合同约定情况

2012 年 2 月 9 日，真慧公司（甲方）与章某某（乙方）签订《真慧影业电影〈杀戒〉项目总导演聘请合约》（以下简称《总导演聘请合约》），甲方决定聘请乙方担任其计划摄制的电影《杀戒》的总导演，乙方同意，并向所有投资方负责。第 2 条约定：乙方作为本片总导演，其工作内容为与甲方共同商定关于影片的重大事项，乙方的具体职责包括：（1）具体负责该片剧本完善磨合；（2）与甲方共同选定主创团队；（3）与甲方共同选定影片所需主要演员；（4）与甲方一起确定电影整体拍摄方案，指导该影片导演（注：该影片导演张某系真慧公司法定代表人）的拍摄工作并负责重要场景的具体拍摄；（5）与甲方在内地物色该片宣传发行策略伙伴；（6）指导监督后期制作（剪辑、音乐、声音及最终影片合成）工作；（7）指导本片参与国内国际重要电影节的展映、申报奖项工作。甲、乙合约期至该片完成国家送审拷贝并得到发行许可证为止。第 4 条约定：甲方向乙方支付合约期酬金主要方式为：税后现金 100 万元。现金分五次支付。其中，第四次支付时间为电影后期制作完成前 3 个工作日内甲方支付乙方酬金现金部分的 10% 即 10 万元；第五次支付时间为电影片审查通过后 3 个工作日内甲方支付乙方酬金现金部分的 10% 即 10 万元；本片荣获国际、国内电影节奖项及展映，甲方奖励乙方 30 万元。第 5 条约定：未经甲方同意，乙方不得在电影片公映之前向第三方泄露剧情、演员、拍摄进度等与电影片相关的一切信息。第 7 条约定：在影片拷贝上，如有主创人员的片头字幕时，甲方同意乙方的名字及职衔独立排名在该片片头字幕出现。第 8 条约定：乙方作为该片总导演，对该片的艺术创作具有其最终的决定权。乙方同意以刘某剧本为定稿蓝本，可在结尾、女主人公等方面再做修改，其他剧情结构不做大的改动。第 11 条约定：乙方保证其有能力履行本合同下的所有义务，否则应赔偿甲方因此而遭受的所有损失。

2. 合同履行情况

2012 年 4 月 25 日，电影《杀戒》的开机新闻发布会在北京国家会议中心召开，总导演章某某、导演张某和主演出席了此次发布会。5 月 29 日该影片开机拍摄，7 月 9 日全部拍摄完成关机。8 月 25 日，该片剧组章某某、张某、主演等集体登场亮相出席长春电影节闭幕红毯晚会。

2012 年 10 月 8 日，张某发短信给章某某，询问章某某是否看过张某的剪辑版本，并称已组织 12 个 "70 后""80 后" 群众分两组分别观看了两个剪辑版本并打分，结论是章某某的版本为 67 分，张某的版本为 84 分。

2012 年 10 月 11 日，章某某发短信给张某称："看了你的那一版，难以接受，也很绝望。我不知道该如何和你面对面沟通。如你坚持这一版，我也无话可说。我给你邮箱发去了由我签字的一份声明。你如果同意就在声明上签个字再回复给我。之后，关于剪辑的事，我再不参与，你想怎么办就怎么办吧。" 章某某《声明》的主要内容是：章某某与真慧公司就电影《杀戒》签订的《总导演聘请合约》第 8 条约定 "章某某作为该片总导演，对该片的艺术创作具有其最终决定权"，为此章某某对《杀戒》的剪辑具有最终决定权。如真慧公司坚持用张某导演所剪定的版本，便构成违约……用于影院发行、参展参赛电影节等，如票房惨败、获奖全无所带来的一切损失，皆与章某某无关，章某某对此不负任何责任。同时章某某作为本片的总导演，本着对影片负责任的态度，将同时向其他相关投资方及参与影片的主要演员、小说原著、编剧等主创声明，张某导演所剪定的版本不代表章某某的艺术创作主旨。如影片给章某某在声誉上造成不良影响，章某某将向媒体发布声明表明该影片并不完全代表章某某的艺术创作。张某回复短信称：你这个声明是极其恶意的。我不会签。无论境内外，投资方拥有最终剪辑权，这是本行业最基本的常识。如果你拿出《总导演聘请合约》第 8 条来做这样的声明，置我们投资者的利益于不顾，那你就既对不起投资方支付给你的片酬，也没有起码的职业道德，更会贻笑大方。关于最终剪辑不代表你的水平、风格，如果你要求片子不署你的名，我可以尊重你的选择，签署补充协议。章某某回复短信称：正是因为对你及投资方负责，我才发出此声明。照这个版本拿出去，不但什么奖都拿不到，而且会票房惨败。我的意见上次在电话里就跟你沟通过了，你还是一意孤行。我实在没办法，才出此下策。当初很不情愿接这个片子就是怕你在艺术创作上和我分歧太大，才加上第 8 条的。至于你说的剪辑权在投资方是圈里的常识，这不对。最终要看合同里是否明确。

在一审庭审中，章某某陈述，自 2012 年 10 月 11 日双方发生争议后，其一直在家等消息，没有主动联系过真慧公司。真慧公司陈述，因为章某某在声明和短信中已经明确表示，如果采用张某的剪辑版本，其就退出后期，故真慧公司在双方发生争议后，也没有主动联系过章某某。2012 年 10 月 11 日后，真慧公司委托其他制作公司等对电影《杀戒》剪辑版本进行后期制作。

2012 年 12 月 27 日，电影《杀戒》获国家广电总局颁发的电审故字〔2012〕第 659 号电影片公映许可证。2013 年 2 月 26 日，该片在北京召开新闻发布会，张某、主演等主创悉数到场，片方公布了先导概念海报及预告片。2013 年 4 月 16~23 日，"第三届北京国际电影节"在北京举办，电影《杀戒》在该电影节进行展映。在获准公映的《杀戒》影片中，章某某的署名为"前期总导演章某某"，并与该片艺术总监王某某的名字出现在同一画面上；张某的署名情况为"张某导演作品"，并以比较醒目的方式独立出现在画面的中间。

3. 双方诉辩主张

章某某向一审法院提起诉讼，请求判令：（1）按照双方约定将章某某的名字及职衔（总导演）独立排名在电影《杀戒》片头字幕上；（2）赔偿因其违约给章某某造成的经济损失 50 万元；（3）按照双方约定给付章某某总导演未付酬金 20 万元等。章某某明确真慧公司的行为既构成侵权，又构成违约，其选择按违约来追究真慧公司相应的民事责任。一审庭审中，章某某陈述，在真慧公司开始影片上映前的宣传后，《杀戒》的海报、相关宣传品以及媒体报道中均看不到其名字，其在圈里的朋友、媒体、家人、微博上大量粉丝均来质问，作为《杀戒》的总导演为何没有名字？即使其没有全部参加后期制作，但其为该片从前期筹备到拍摄、到后期剪辑付出了将近10个月的心血。

真慧公司一审辩称：投资方真慧公司拥有电影《杀戒》剪辑版本的最终决定权。对《总导演聘请合约》第8条约定的艺术创作最终决定权的理解，应当按照合同的相关条款、合同的目的、交易习惯来确定该条款的真实意思。该合同约定，章某某承诺其同意向所有投资方负责。且章某某已通过《声明》表示退出影片的后期制作，真慧公司在影片发行阶段宣传中均未提及章某某，其对媒体的解释是章某某已经主动退出。此外，该合同第8条明确约定，章某某"同意以刘某的剧本为定稿蓝本……其他剧情结构不做大的改动"。但章某某的剪辑版本显然违背了合同约定的对"剧情结构不做大的改动"的要求，并导致其丧失了第8条约定的所谓艺术创作的最终决定权。

4. 法院裁判结果

一审法院认为，章某某已经全面完成合同约定的总导演工作，依约应当享有《杀戒》电影作品总导演的署名权及剩余20万元的报酬请求权，判令真慧公司在判决生效之日起15日内将章某某的名字、职衔（总导演）独立排名在电影《杀戒》片头字幕上，并支付章某某合同约定报酬20万元等。真慧公司不服一审判决，提起上诉。二审法院驳回上诉，维持原判。

【思考题】
1. 导演聘用合同最终剪辑权条款的解释。
2. 导演聘用合同的履行以及违约行为的认定。

【案例分析】
在本案导演聘用合同纠纷案中，究竟谁对电影作品《杀戒》的公映版本拥有最终决定权，是双方争议的关键。因此，本案审理中首先涉及合同条款的解释问题，只有对争议合同条款作出合理解释，才能对合同履行是否符合合同约定以及是否存在违约行为作出准确认定，并最终确定违约责任的承担。

1. 最终剪辑权条款的解释

（1）最终剪辑权。

最终剪辑权，是指影视作品公开放映发行版本的最终决定权，简称为终剪权。本案中，双方均认可，在《杀戒》电影的前期筹备及拍摄过程中双方合作融洽，且章某某已按合同约定完成前期拍摄工作，而双方发生纠纷的原因是对《杀戒》电影终剪权的归属产生争议。如前所述，章某某在给真慧公司的《声明》以及给张某的短信中均强调，其享有《总导演聘请合约》第8条约定的"艺术创作最终决定权"；而真慧公司则主张，根据合同约定，章某某作为总导演应当对投资方负责，可见投资方享有"艺术创作最终决定权"。鉴于双方各执一词，因此需要对合同终剪权条款进行解释。

（2）合同条款的解释。

合同条款的解释，是指对于经合意的表示应作客观上的解释。而合同之所以需要解释，最根本的原因在于语言文字的多义性，由此多义性，使合同所使用的文字、词句、条款可能有不同的含义，不经解释不能判明其真实意思。❶ 此外，除多义性外，有时合同条款含义不明，也可能是一方或双方出于规避法律或其他不正当目的而有意为之，即有意为未来可能发生的违约行为预留有利于自己解释的模糊空间。从司法实践看，无论是普通民商事合同，还是知识产权合同，在合同履行过程中，都可能存在因合同条款约定不明而发生争议的情形。因此，发生合同条款解释的争议，法院首先要运用合同条款解释规则来探究当事人签订合同的真意，以明确当事人的权利义务内容。可见，合同条款的解释过程本身也是一个探寻当事人真实意思表示的过程。

---

❶ 韩世远. 合同法总论 [M]. 北京：法律出版社，2004：792.

（3）合同条款的解释规则。

合同条款的解释规则，是指当事人对合同条款的理解发生争议时所适用的解释原则和方法。《民法典》第 466 条明确规定："当事人对合同条款的理解有争议的，应当依据本法第一百四十二条第一款的规定，确定争议条款的含义。"第 142 条第 1 款规定："有相对人的意思表示的解释，应当按照所使用的词句，结合相关条款、行为的性质和目的、习惯以及诚实信用原则，确定意思表示的含义。"同时，该条第 2 款还进一步规定："无相对人的意思表示的解释，不能完全拘泥于所使用的词句，而应当结合相关条款、行为的性质和目的、习惯以及诚信原则，确定行为人的真实意思。"《民法典》明确规定了合同条款解释的具体步骤、原则及其方法，既是对2017 年《民法总则》第 142 条规定的重述，同时也与 1999 年《合同法》第 125 条规定的解释规则保持一致。❶

从解释步骤及解释原则看，首先是探求当事人的真意，并不拘泥于合同文字的字面意思；其次是在不能求得当事人真意，或按照字面解释方法明显不公平、不符合常理、违背诚实信用原则时，可以运用诚实信用、交易习惯等目的解释方式确定合同条款的含义。

从解释方法看，在有相对人的意思表示时，一是文义解释，即首先要考虑合同所使用的文字词句的含义，即合同所使用的词句在一般语言习惯上所具有的含义，从而探求合同所表达的当事人的真实意思；二是整体解释，即当个别合同条款之间存在矛盾或者冲突时，应当将合同条款作为一个整体并结合各条款之间的关系进行解释，整体考虑当事人争议合同条款的具体含义；三是目的解释，即在合同文字或者合同条款可能存在多种解释时，应当根据双方当事人订立合同时所期望达到的合同目的或者结果进

---

❶　1999 年《合同法》第 125 条规定："当事人对合同条款的理解有争议的，应当按照合同所使用的词句、合同的有关条款、合同的目的、交易习惯以及诚实信用原则，确定该条款的真实意思。合同文本采用两种以上文字订立并约定具有同等效力的，对各文本使用的词句推定具有相同含义。各文本使用的词句不一致的，应当根据合同的目的予以解释。"

行解释，以符合当事人的真实意思表示；四是交易习惯解释，即在当事人之间存在不违反法律强制性规定且不违反公序良俗的交易习惯时，可以用当事人所知悉或者实践的交易习惯对合同争议条款进行解释；五是诚实信用解释，即用诚实信用原则对合同争议条款进行最后解释，以确保合同解释结果的公平和合理。❶

上述解释原则及解释方法，并非封闭的体系和相互排斥的关系。总体上看，我国法律对合同条款的解释，系采取折中主义的立场，以诚实信用与交易习惯等客观标准对当事人的意志进行适当限制，以体现诚实信用原则这一"帝王条款"对合同法适用的统领作用，以维护交易秩序和交易安全。当然，如何进行具体合同条款的解释，在个案中仍呈现较强的主观性，尤其是各方当事人基于不同的利益诉求，在运用相同解释原则和方法时，仍可能解释出完全相反的结论。

（4）本案例分析。

《总导演聘请合约》（以下简称"合同"）第 8 条约定：乙方作为该片总导演，对该片的艺术创作具有最终的决定权。对此，真慧公司认为，其作为投资方拥有影片艺术创作（包括剪辑）的最终决定权，主要理由是，由于合同明确约定乙方同意向所有投资方负责，且约定乙方的具体职责包括"指导监督后期制作（剪辑、音乐、声音及最终影片合成）工作"，故章某某的艺术创作不能凌驾于真慧公司之上，其所谓艺术创作的最终决定权必须服从于投资方对影片的商业取向；而章某某则认为，真慧公司并没有在合约中明确约定影片最终剪辑权归其所有，相反合同中有三条约定可以说明章某某具有创作包括剪辑的最终决定权：一是第 2 条之一明确约定章某某"总导演该片的拍摄及指导张某导演的工作"，该条构成章某某与张某之间创作上的从属关系；二是第 8 条明确约定，乙方作为总导演对该片艺术创作拥有最终决定权，同时确认乙方必须按照刘某的剧本为蓝本，只在结尾和女主人公方面可以有修改，其他大的部

---

❶ 江必新，夏道虎. 中华人民共和国民法典重点条文实务详解（上）［M］. 北京：人民法院出版社，2020：156-158.

分不改动，章某某的剪辑版本正是按照刘某版本第 16 稿进行的剪辑，而真慧公司最后剪辑的公映版本已经违背了合同约定；三是第 2 条关于乙方具体职责之六明确约定，总导演要指导和监督后期制作工作，该条再一次补充约定总导演要指导导演的工作，而张某正是从属于并在总导演指导监督下进行工作。

对于双方终剪权的争议，首先需要了解双方发生"艺术创作最终决定权"争议的社会背景。如前所述，在我国，影视创作曾长期实行导演中心制，即导演在影视创作中占据主导地位，而代表投资方的制片方居于次要地位，但随着我国影视行业产业化和市场化的快速发展，导演在影视创作中的核心地位越来越被投资方所削弱，而案发时期正处于我国影视行业由导演中心制向制片方中心制过渡的特殊时期，一方面制片方中心制尚未完全确立，另一方面也未形成公认的行业惯例。因此，法院认为，对于涉案导演聘用合同纠纷的处理，应当回归到合同法框架之内，首先依合同约定加以确定，即合同明确约定导演享有终剪权或者投资方享有终剪权的，应当从其约定；只有当合同约定不明时，才考虑以行业惯例加以确定。简言之，有约定从约定，无约定依惯例。

具体到本案，一审法院认为双方关于终剪权的约定不明确，但二审法院认为，本案合同关于终剪权归属的约定是明确的，并非约定不明。具体理由是：根据合同条款解释规则，首先，应当依合同条款的字面含义进行文义解释。合同第 8 条明确约定：乙方作为该片总导演，对该片的艺术创作具有其最终的决定权。由于影视作品艺术创作的过程较长，包括前期筹备、中期拍摄及后期制作等，因此，除非合同已明确约定将终剪权排除在外，将总导演对整个艺术创作全过程"具有其最终决定权"解释为包括终剪权在内，符合总导演工作内容的应有之义。其次，结合其他合同条款的内容进行整体解释。真慧公司主张，根据"甲方决定聘请乙方担任其计划摄制的电影《杀戒》的总导演，乙方同意，并向所有投资方负责"的约定，总导演同意向所有投资方负责，就意味着投资方享有终剪权；而章某某在庭审中称，其所以要求约定第 8 条内容，就是担心因双方艺术见解不同而产生创作上的争议。对此，二审法院认为，基于合同条款并未将总导演同意向所有投资方负责明确定义为投资方享有终剪权，因而对于该约定的常规理解应当是总导演依据合同完成其工作任务并保证其达到应有的艺术水准就是对投资方负责，故真慧公司将此直接解释为投资方享有终剪权，明显与合同第 8 条约定相冲突，系不适当地扩张了投资方的权利。最后，结合影视作品的创作规律进行立法目的解释。众所周知，合同法的基本原则是诚实信用，强调契约精神。本案特殊性在于，真慧公司法定代表人张某既代表投资方，同时又是电影《杀戒》的第二编剧和导演，其多重身份增加了涉案影片艺术创作过程中发生冲突的可能性。尽管从投资方角度看，影视作品拍摄投资风险巨大，投资方除关注影片艺术价值外，更关注投资的直接市场回报，尤其是真慧公司在选择最终剪辑版本前已经进行了相关的市场调研，但需强调的是，影视作品创作首先是艺术创作活动，有其基本的艺术创作规律，而投资方在聘请总导演时，肯定事先对总导演的艺术水准有着基本认同，因此，如果投资方明确要求控制终剪权，则应当在合同中作出明确无疑的约定，以防止投资方与总导演在艺术创作上产生重大分歧时难以协调。否则，对于双方已明确约定总导演对影片艺术创作"具有其最终的决定权"，且根据合同解释规则无法将总导演的终剪权排除在外时，处理该案纠纷只能回归合同法框架下，即双方先行协商解决，协商解决不成的，则投资方仍应当秉持契约精神，尊重合同约定。本案裁判的意义在于，提示影视行业就终剪权归属事先在合同中作出明确约定，防止用语模糊，不得已对簿公堂。

2. 合同的履行以及违约行为的认定

（1）合同履行及合同履行原则。

合同履行，是指合同当事人按照合同约定履行合同义务的行为。明确合同条款的内容，是确定合同履行的前提，而合同履行则是合同制度的核心，是实现订立合同目的的关键，即无论是合同的订立、生效、担保还是违约责任的确定，其实质无一不是为了确保生效合同能得以切实履行。因

此，合同履行是其他一切合同法律制度的归宿或延伸。❶

合同履行的原则，是指当事人不仅应当按合同约定履行合同义务，而且应当遵循诚实信用原则和交易习惯，全面正确地履行合同约定的义务。《民法典》第 509 条规定："当事人应当按照约定全面履行自己的义务。当事人应当遵循诚实信用原则，根据合同的性质、目的和交易习惯履行通知、协助、保密等义务。当事人在履行合同过程中，应当避免浪费、污染环境和破坏生态。"从上述规定可见，《民法典》重述了长期以来我国法律对合同履行原则的基本规定。

①诚实信用原则。即将诚实信用原则作为整个合同履行应当遵循的基本原则，并贯穿于合同订立、履行、终止的全过程。

②全面履行原则。即要求合同当事人严格按照合同约定的履行主体、履行时间、履行内容、履行地点等全面履行主合同义务；同时还要求合同当事人依据诚实信用原则履行通知、协助、保密等合同附随义务。

所谓合同附随义务，是指合同当事人除履行主合同义务即主给付义务外，还应当依据诚实信用原则，履行相互通知、相互协助和相互保护，以及保守商业秘密的附随义务。设定合同附随义务的意义在于，合同附随义务具有以下主要功能：一是促进主给付义务的实现，最大限度地保护债权人利益；二是维护对方当事人的人身或财产利益。❷ 需注意，合同附随义务包括以下三项：一是合同履行中的附随义务；二是先合同义务，即当事人为缔结合同而进行合同磋商过程中所负有的通知、协助、保密义务；❸三是后合同义务，即当事人在合同终止后仍应当履行相应的通知、协助、

---

❶ 韩世远. 合同法总论［M］. 北京：法律出版社，2004：266-270.

❷ 韩世远. 合同法总论［M］. 北京：法律出版社，2004：283-291.

❸ 《民法典》第 500 条规定："当事人在订合同过程中有下列情形之一，造成对方损失的，应当承担赔偿责任：（一）假借订立合同，恶意进行磋商；（二）故意隐瞒与订立合同有关的重要事实或者提供虚假情况；（三）有其他违背诚信原则的行为。"第 501 条规定："当事人在订立合同过程中知悉的商业秘密或者其他应当保密的信息，无论合同是否成立，不得泄露或者不正当地使用；泄露、不正当地使用该商业秘密或者信息，造成对方损失的，应当承担赔偿责任。"

保密、旧物回收等义务。❶ 可见，合同附随义务贯穿于合同订立、履行及终止的全过程。

③绿色合同原则。即要求当事人在履行合同过程中，应当避免浪费、污染环境和破坏生态。值得关注的是，我国 2017 年《民法总则》制定时即已确立了绿色原则，并把节约资源、保护生态环境作为民事主体应当承担的基本义务。此次《民法典》制定时，再次引入可持续发展理念，重述了绿色原则，例如规定旧物回收义务等。绿色原则不仅是民事主体从事民事活动时所应当遵循的基本原则，同时也应当成为法院在司法实践中进行法律适用、法律解释、法律漏洞填补以及利益冲突时进行价值判断和选择的重要指引。❷

总之，当事人只有全面正确履行合同义务，才能实现双方订立合同的目的。如果当事人未能全面或者正确履行合同义务，则应当承担相应的违约责任。

（2）合同违约行为及其违约责任。

合同违约行为，是指当事人不履行合同义务的行为，或者虽然履行了合同义务，但其履行行为不符合合同约定。具体指，合同不履行或者不适当履行、瑕疵履行。合同违约行为的危害在于，导致当事人订立合同的目的不能实现或不能充分实现，因而损害当事人的利益，甚至造成当事人的重大损失，进而导致整个市场交易秩序及交易安全的破坏。

合同违约责任，是指合同当事人不履行合同义务或者履行合同义务不符合约定时，依法应当承担的法律责任。在合同法体系中，合同违约责任制度极具重要性，是整个合同法的核心，因为如果没有合同违约责任制度的保障，则作为连接市场交易活动纽带的合同制度大厦将顷刻坍塌。

关于合同违约责任的形式，《民法典》第 577 条规定："当事人一方不

---

❶ 《民法典》第 558 条："侵权债务终止后，当事人应当遵循诚实信用等原则，根据交易习惯履行通知、协助、保密、旧物回收等义务。"

❷ 江必新，夏道虎. 中华人民共和国民法典重点条文实务详解（上）［M］. 北京：人民法院出版社，2020：225-226.

履行合同义务或者履行合同义务不符合约定的，应当承担继续履行、采取补救措施或者赔偿损失等违约责任。"继续履行，是指守约方要求违约方承担按照合同约定继续履行合同义务的责任。需注意，如果继续履行在法律上或事实上已经不具有可能性，则不适用于继续履行，可采取其他替代性责任方式；采取补救措施，是指为尽可能实现合同目的、防止损失进一步扩大，守约方根据标的性质以及损失大小，合理选择请求违约方承担修理、重作、更换、退货、减少价款或者报酬等责任，这也是继续履行的一种替代责任方式；赔偿损失，是指违约方在履行义务或者采取补救措施后，守约方要求违约方就还存在的其他损失承担支付赔偿金的一种责任方式。《民法典》第 584 条还规定，"损失赔偿额应当相当于因违约所造成的损失，包括合同履行后可以获得的利益；但是，不得超过违约一方订立合同时预见到或者应当预见到的因违约可能造成的损失。"

3. 本案例分析

（1）章某某的行为是否构成违约。

真慧公司上诉主张，一是章某某剪辑的版本不符合合同约定，其行为构成违约；二是其没有参与后期制作，且主动声明不再参与后期制作，已单方退出合同履行且合同也已事实上终止履行，故其无权主张总导演的独立署名，也无权要求继续支付 20 万元的剩余酬金。

首先，章某某剪辑的版本是否符合合同约定。在庭审中，双方当事人均确认合同第 8 条约定："乙方同意以刘某剧本为定稿蓝本，可在结尾、女主人公等方面再做修改，其他剧情结构不做大的改动。"而电影《杀戒》拍摄时所采用的第 16 稿剧本即是刘某剧本的定稿蓝本（该剧本共有 120 场戏）。二审中，通过组织双方就章某某剪辑版本、真慧公司公映版本与第 16 稿剧本、第 17 稿剧本进行详细比对，法院认为，根据查明的事实，应当认定章某某已全面完成合同约定的义务，并无任何违约行为存在。具体理由有以下四点：第一，根据合同第 2 条，章某某作为总导演只负责重要场景的具体拍摄，其他场景仅负责指导导演张某的拍摄。但根据庭审查明的事实，章某某虽为总导演，但几乎亲自执导完成了所有场戏（除男主人公回家乡找弟媳要孩子一场戏外）的具体拍摄工作，此外还完成了包括美术布景、道具、灯光、演员说戏等工作，故应当认定章某某执导完成的拍摄工作已超出合同的具体要求。第二，章某某亦已提交体现其总导演艺术风格的影片剪辑版本。根据合同第 2 条，章某某作为总导演的具体职责还包括"指导监督后期制作（剪辑，音乐，声音及最终影片合成）工作"。本案中，双方在完成全部影片镜头的拍摄后，即由剪辑师张某某剪辑完成了两个版本，章某某与投资方等一起参与了审片并共同提出修改建议，其后章某某又根据真慧公司的要求，完成并提交体现其总导演监督指导后期制作意图且已合成音乐小样的剪辑版本，只是因为真慧公司决定不采纳该剪辑版本，且双方发生分歧后未能妥善处理争议，才导致章某某最终未参与公映版本的后期制作。第三，章某某剪辑的版本更符合第 16 稿剧本的要求，而真慧公司自己亦认可，其公映版对第 16 稿剧本进行了再度创作，即通过调整两个时空交互叙事的节奏、采用意识流手法随男主人公的当代时空展开闪回，并在此基础上形成了第 17 稿剧本。第四，章某某剪辑版本对第 16 稿剧本的调整，尚未超出合理的范围。合同第 8 条约定，总导演"可在结尾、女主人公等方面再做修改，其他剧情结构不做大的改动"。由于该条款约定的内容本身比较弹性与模糊，因而对于何种程度的改动不属于"大的改动"，势必会产生很大争议，而这恰恰是案件审理的重点和难点。由于艺术创作活动本身带有强烈的主观性，艺术创作本身就是一个深化艺术理解并不断追求艺术完美的过程，因而创作过程中的适度调整，对于任何艺术创作领域而言均属常态，符合艺术创作的规律。事实上，艺术家基于对创作规律的理解，很少对创作过程和内容的适度调整过于纠结，而合同明确约定不得做任何改动者亦极为罕见。本案中，二审判决认为，就第 16 稿剧本的 120 场戏而言，章某某剪辑版本的改动之处占比很小，主要涉及几场过去时空闪回戏的调整。真慧公司在诉讼中称，涉案影片的艺术特色在于如何完美体现刘某剧本两个时空交互叙事的风格。比较而言，双方两个剪辑版本的差异，主要体现在闪回顺序的调整改动不同，而章某某剪辑版本对闪回顺序的调整改动，要远小于真慧公司公映版本对第16稿剧本再创作的内容，可见双方争议的本质仍属于艺术创作理念及具体表现手法的不同，正如真慧公司所认可的"现在公映版本的内容虽然进行了改动，但与原来相比没有太大的改动，没有改变其内容。"

其次，章某某是否已单方退出合同的履行。二审法院认为，在影视作品创作过程中，导演聘用合同一般不能任由单方宣布解除，这既是对导演权利的必要保护，也是对投资方利益的必要保护，因为如果允许任何一方单方任意解除合同，则势必造成影视合同履行的极度不稳定，并进而造成双方利益的损害。本案纠纷产生的原因：一是双方的艺术创作理念不同，二是双方沟通方式欠妥。因此，法院在裁判理由中对如何解决类似争议给出了明确指引，即当发生剪辑版本的争议时，正确的解决方式是，双方首先应当立即进行协商，尽可能寻求双方认可的解决方案，即或者就终剪版本达成妥协，或者就终止合同履行签订补充协议，并就署名及其余款支付达成合意。而本案中，双方并未能就争议解决达成妥协，亦未能就签订补充协议达成一致，鉴于章某某已经完成全部总导演工作，并已提交用于"监督指导后期制作"的总导演剪辑版本，尤其是公映版本全部采用了章某某执导拍摄的全部镜头，故应当认定章某某已经全面正确完成了合同约定的主要义务，同时合同并未获得单方解除。

（2）关于真慧公司的行为是否构成违约。

根据合同第 7 条约定，真慧公司同意章某某的名字及职衔独立排名在该片片头字幕出现，即章某某以"总导演"名义在片头独帧画面上独立署名。但是，在获准公映的《杀戒》电影中，章某某的署名是"前期总导演章某某"，且与该片艺术总监王某的名字出现在同一画面上，相反张某则署名为"张某导演作品"，并以醒目方式独立出现在画面中间。对此，真慧公司给出两点解释：一是章某某没有参与后期制作；二是署名"前期总导演"符合行业惯例，并以电影《假装情侣》采取"前期导演"署名方式解决投资方与导演之间纠纷为例。● 而章某某则认为，其未参与后期制作的原因是，在双方发生争议后真慧公司不再邀请其参与后期制作，而电影《假装情侣》采取"前期导演"的署名方式，系刘某斗本人放弃导演署名权，且主动要求采取该署名方式，因而与本案情形不同。

对此，二审法院认为，真慧公司的行为构成违约，应当承担相应的违约责任。具体理由是：首先，鉴于法院已经认定涉案影片终剪权归章某某所有，故章某某作为总导演具有艺术最终决定权，而章某某未参与后期制作系双方艺术理念不同所致，故其本人并无过错；其次，张某在收到章某某《声明》后给其回复的短信中称："如果你要求片子不署你的名，我可以尊重你的选择，签署补充协议"，这说明张某本人知晓终止合同履行应当签订补充协议；再次，章某某本人虽没有参与后期制作，但根据合同第2条约定，章某某作为总导演的职责是"指导监督后期制作（剪辑，音乐，声音及最终影片合成）工作"，故在章某某已超额完成执导拍摄工作，且已提交体现其总导演艺术风格的影片剪辑版本的情况下，除非章某某本人放弃在实际公映的影片上以独立字幕署名"总导演"外，真慧公司未经其同意，不能擅自以非独帧字幕将其署名为"前期总导演"；最后，法院还认为，电影《假装情侣》的投资方与导演刘某斗之间采取"前期导演"的署名方式解决争议，是投资方与刘某斗导演协商一致的结果，而该署名方式被媒体解读为首例，也足以说明真慧公司所主张的"前期导演"署名方式在当时尚不足以成为行业惯例。

综上所述，通过对电影《杀戒》一案事实认定和法律适用过程进行梳理分析，该案至少给出以下四点重要启示。

● 根据相关媒体报道，电影《假装情侣》的出品方是电广传媒影业公司，刘某白是该公司董事长。由于刘某白与导演刘某斗之间发生分歧，最终《假装情侣》的公映版本并非刘某斗剪辑的版本。但电广传媒影业公司认可刘某斗完成了电影中90%内容的拍摄，只是因双方就拍摄问题发生争议，最后导演另换他人，且刘某斗已剪辑出一个2小时多时长的粗剪版。在电影上映前，投资方仍想署名"刘某斗导演作品"，但刘某斗对此不同意，后经双方协商，将刘某斗署名为"前期导演"。该事件被媒体称为中国电影开始向"制片方中心"转型的标志。

一是合同终剪权条款必须要明确约定。在影视作品创作过程中，终剪权条款是导演聘用合同的核心条款，甚至有观点认为，"在电影行业中谁拥有了终剪权谁就有了话语权，这句话虽然有些绝对，却也道出了终剪权的重要性。如果终剪权在制片方手里，就可以防止导演方为了其所谓的艺术情怀去剪辑影片，出现票房滑铁卢。如果终剪权在导演手里，就可以防止投资方老板不懂艺术创作而胡乱指挥，把影片剪得乱七八糟，让自己都羞于在影片中署名导演。"❶当然，终剪权的最终归属，本质上取决于各方的博弈能力，但为了防止因终剪权约定不明而导致纷争，在导演聘用合同中明确约定终剪权条款，无论如何强调都并不为过。

二是合同履行必须要强调契约精神。正是由于影视作品的创作内容和创作过程具有相当程度的不确定性，因而无论是导演还是投资方对合同履行内容进行调整时，都应本着善意相互协商进行，且以不损害艺术创作水准为原则。如果协商不成，强调当事人要具有契约精神，遵守合同约定，同样具有相当程度的必要性，如此才能有效减少纠纷，减少不必要的损害后果发生。

三是要尊重影视作品的创作规律。影视作品生产具有与普通工业品生产不同的特质和规律，需要艺术家和投资方双方的高度合作方能实现目的的可能性。❷ 在创作过程中，因艺术创作或者市场需求所进行的必要创作调整并不少见，因此在确定当事人合同履行行为是否符合合同约定时，要结合艺术创作规律加以合理确定。

四是裁判结果要体现利益平衡。众所周知，影视创作是文化创意产业的重要组成部分，其高投入、高风险且艺术创作活动极其复杂的特性，决定了对艺术创作与市场需求两方面都有很高的要求。因此，在强调尊重艺术创作规律、尊重契约精神的同时，还应关注投资方与艺术创作者之间的利益平衡。就投资方而言，在关注影视作品投资回报的同时，要强调尊重

---

❶ 张春杰. 电影的终剪权到底归谁？［EB/OL］.［2020-01-05］.https：//www.sohu.com/a/272331306_136242.

❷ 王冬梅，刘永沛. 中国电影产业交易运作指南：规则、合同与案例［M］.北京：北京大学出版社，2021：229.

艺术创作规律；就艺术创作者而言，在专注艺术创作的同时，也应当适度兼顾投资方投资利益的回报。只有实现利益平衡的艺术创作，才能够实现双赢，进而促进影视艺术创作繁荣，实现影视产业发展的目标。

最后，特别要说明，本案一审、二审审理期间为 2013～2014 年，当时正值中国电影产业的重要转型期。而现有研究资料显示，关于终剪权争议的处理，目前在影视创作实践中已形成一般操作习惯："电影最终剪辑权由制片方（即投资方）和导演共同享有，但如果导演和制片方就电影最终剪辑版本出现不一致意见时，最终以制片方的意见为准，即由制片方决定电影上映的最终版本。这样约定，既尊重导演的意见，同时也维护投资方的利益。"❶ 以上内容，如果确已得到行业普遍认可，则具有行业交易习惯的性质，可以为当事人明确约定终剪权归属条款提供指引。回顾看来，在中国电影产业由导演中心制向制片方（投资方）中心制转变的过程中，本案基于个案事实所确定的裁判规则，对于规范并促进影视产业发展发挥了积极作用。

---

❶ 王冬梅，刘永沛．中国电影产业交易运作指南：规则、合同与案例 [M]．北京：北京大学出版社，2021：228-229.

第二章　商标实务

【内容提要】

本章分为五节，结合案例介绍商标侵权判定实务中的侵权比对方法、权利冲突的解决、抗辩方式以及责任承担等几个关键问题。第一节结合案例介绍商标侵权中商品相同或近似、商品或服务类似的判断原则、方法步骤及考虑因素，并介绍混淆与误认在商标侵权判断中的地位。第二节从商标权与企业名称权冲突的案例为切入点，探讨商标权与企业名称权冲突的判断及解决路径，并延伸讨论商业标识之间权利冲突的分析与处理原则。第三节介绍两个正当使用抗辩的案例，围绕案例讨论分析商标法正当使用抗辩的法律内涵与判断方式。第四节、第五节结合案例分析侵权责任承担问题；第四节结合案例，探讨与分析商标领域停止侵害责任形式的具体实现方式；第五节结合典型案例，介绍商标法中赔偿损失额的证据认定及具体计算方式，并延伸分析惩罚性赔偿的适用条件与适用方法。

【教学目标】

1. 引导学生学习认识商标侵权的判断方法以及考虑因素。

2. 引导学生认识商标领域权利冲突问题，并深入思考解决路径。

3. 引导学生学习并掌握商标侵权案件中的抗辩方式，尤其是正当使用抗辩及抗辩成立与否的判断。

4. 引导学生学习并掌握商标侵权责任的基本概念、责任承担方式，并深入思考停止侵害这一责任形式在具体案件事实中的实现方式；认识并掌握赔偿损失额的证明、认定与计算方式，以及惩罚性赔偿的考量因素。

第一节　商标侵权判定案例

【案例导读】

《商标法》第 57 条规定，未经商标注册人的许可，在同一种商品上使用与其注册商标相同的商标；未经商标注册人的许可，在同一种商品上使用与其注册商标近似的商标，或者在类似商品上使用与其注册商标相同或者近似的商标，容易导致混淆的，均属侵犯注册商标专用权的行为。《最高人民法院关于审理商标民事纠纷案件适用法律若干问题的解释》规定，商标相同，是指被控侵权的商标与原告的注册商标相比较，二者在视觉上基本无差别。商标近似，是指被控侵权的商标与原告的注册商标相比较，其文字的字形、读音、含义或者图形的构图及颜色，或者其各要素组合后的整体结构相似，或者其立体形状、颜色组合近似，易使相关公众对商品的来源产生误认或者认为其来源与原告注册商标的商品有特定的联系。人民法院认定商标相同或者近似按照以下原则进行：（1）以相关公众的一般注意力为标准；（2）既要进行对商标的整体比对，又要进行对商标主要部分的比对，比对应当在比对对象隔离的状态下分别进行；（3）判断商标是否近似，应当考虑请求保护注册商标的显著性和知名度。类似商品，是指在功能、用途、生产部门、销售渠道、消费对象等方面相同，或者相关公众一般认为其存在特定联系、容易造成混淆的商品。类似服务，是指在服务的目的、内容、方式、对象等方面相同，或者相关公众一般认为存在特定联系、容易造成混淆的服务。商品与服务类似，是指商品和服务之间存在特定联系，容易使相关公众混淆。

商标侵权判定主要涉及商品相同、类似；商标相同、近似以及是否构成混淆误认的判断。在商标侵权案件中，要结合商标权保护范围具有弹性的特点，妥善利用商品类似、商标近似、混淆可能性、不正当手段、恶意等裁量性因素，考虑市场实际，使商标权的保护强度与显著性、知名度相适应，尽可能保护商业标识的区别性，维护商标声誉，严厉打击不诚信的商标攀附、仿冒搭车及恶意抢注商标等行为，有力规范商标注册秩序，进一步净化市场竞争环境。

本节介绍一个商标近似判定的案例，围绕该案例探讨商标近似的判断原则与判断方法，引导学生掌握判断商标近似需考虑的相关因素。

【案例介绍】❶

1974 年 7 月 20 日，中国粮油食品进出口公司天津分公司核准注册 70855 号"长城牌"商标，使用商品为第 33 类葡萄酒等。1998 年 4 月 8 日，商标专用权人变更为原告中国粮油食品（集团）有限公司（以下简称"中粮公司"）。

南昌开心糖酒副食品有限公司（以下简称"开心公司"）成立于 1996 年 7 月 18 日，法定代表人苏某，该公司系中粮公司下属的中国长城葡萄酒有限公司的经销商，长期经销"长城牌"葡萄酒，后双方因货款问题发生纠纷。1999 年 5 月 21 日，开心公司向国家工商行政管理总局❷商标局（以下简称"国家商标局"）申请了 1502431 号"嘉裕长城"商标，该商标于 2000 年 10 月 7 日初审公告。2001 年 1 月 6 日，中粮公司针对该商标向国家商标局提出异议（诉讼中该商标在异议程序中）。2001 年 2 月 16 日，苏某等成立北京嘉裕东方葡萄酒有限公司（以下简称"嘉裕公司"），2001 年 3 月 18 日，开心公司与嘉裕公司签订协议，许可嘉裕公司使用"嘉裕长城"商标。此外，苏某个人还在 2001 年 5 月 22 日申请了 01329181.5 和 01329182.3 嘉裕长城葡萄酒标贴外观设计，并于 2002 年获得外观设计专利权。2002 年 3 月 28 日，苏某又申请了 3127975 号"jiayuchangcheng 嘉裕长城"商标，后该商标因与中粮公司的 1447904 号商标近似而被驳回。2002 年 6 月 21 日，开心公司注册了 1792430 号"嘉裕庄园"商标和 1792431 号

---

❶ 详见最高人民法院（2005）民三终字第 5 号民事判决书。

❷ 现国家市场监督管理总局。

"嘉裕"商标。

嘉裕公司生产的被控侵权产品分为"嘉裕长城"和"嘉裕"两个系列共20余个品种，嘉裕公司在"嘉裕长城"系列产品上使用了"嘉裕长城及图"商标，而在"嘉裕"系列产品上有的使用"嘉裕长城及图"商标，有的仅使用"嘉裕"注册商标。本案诉讼中，注册并使用在第33类葡萄酒商品上的"长城greatwall及图"于2004年11月被国家商标局认定为驰名商标。

最高人民法院认为：判断嘉裕公司使用的"嘉裕长城及图"商标是否与中粮公司的注册商标构成近似，是判断是否构成本案讼争的侵犯注册商标专用权行为的关键。根据《最高人民法院关于审理商标民事纠纷案件适用法律若干问题的解释》第9条和第10条的规定，在商标侵权纠纷案件中，认定被控侵权商标与主张权利的注册商标是否近似，应当视所涉商标或其构成要素的显著程度、市场知名度等具体情况，在考虑和对比文字的字形、读音和含义，图形的构图和颜色，或者各构成要素的组合结构等基础上，对其整体或者主要部分是否具有市场混淆的可能性进行综合分析判断。其整体或主要部分具有市场混淆可能性的，可以认定构成近似；否则，不认定构成近似。换言之，判断商标侵权中的近似不限于商标整体的近似，还包括主要部分的近似。在商标法意义上，商标的主要部分是指最具商品来源的识别性、最易于使相关公众将其与使用该商标的商品联系起来的商标构成要素。本案讼争的"嘉裕长城及图"商标和第70855号"长城牌"注册商标均系由文字和图形要素构成的组合商标，其整体外观具有一定的区别。但是，第70855号"长城牌"注册商标因其注册时间长、市场信誉好等，具有较高的市场知名度，被国家工商行政管理部门认定为驰名商标，中粮公司使用第70855号"长城牌"注册商标的葡萄酒产品亦驰名于国内葡萄酒市场，根据该注册商标的具体特征及其呼叫习惯，其组合要素中的"长城"或"长城牌"文字部分因有着较高的使用频率而具有较强的识别力，在葡萄酒市场上与中粮公司的葡萄酒产品形成固定的联系，葡萄酒市场的相关公众只要看到"长城""长城牌"文字或者听到其读音，通常都会联系或联想到中粮公司的葡萄酒产品及其品牌，故"长城"或"长城牌"文字显然具有较强的识别中粮公司葡萄酒产品的显著性，构成其主要部分。"嘉裕长城及图"虽由文字和图形组合而成，且其文字部分另有"嘉裕"二字，但因中粮公司的第 70855 号"长城牌"注册商标中的"长城"或"长城牌"文字部分具有的驰名度和显著性，足以使葡萄酒市场的相关公众将使用含有"长城"文字的"嘉裕长城及图"商标的葡萄酒产品与中粮公司的长城牌葡萄酒产品相混淆，至少容易认为两者在来源上具有特定的联系。因此，嘉裕公司的"嘉裕长城及图"商标使用了中粮公司第70855 号"长城牌"注册商标最具显著性的文字构成要素，并易于使相关公众产生市场混淆。而且，对于在特定市场范围内具有驰名度的注册商标，给予与其驰名度相适应的强度较大的法律保护，有利于激励市场竞争的优胜者、鼓励正当竞争和净化市场秩序，防止他人不正当地攀附其商业声誉，从而可以有效地促进市场经济有序和健康的发展。尽管在现代汉语中"长城"的原意是指我国伟大的古代军事工程万里长城，但中粮公司第 70855号"长城牌"注册商标中的"长城"文字因其驰名度而取得较强的显著性，使其在葡萄酒相关市场中对于其他含有"长城"字样的商标具有较强的排斥力，应当给予强度较大的法律保护。据此，可以认定嘉裕公司使用的"嘉裕长城及图"商标与中粮公司第 70855 号"长城牌"注册商标构成近似。未经中粮公司许可，嘉裕公司在同类商品上使用与中粮公司第70855 号"长城牌"注册商标近似的"嘉裕长城及图"商标，开心公司许可嘉裕公司使用该商标等，均构成对中粮公司第 70855 号"长城牌"注册商标专用权的侵犯，应当承担相应的民事责任。

二审法院经审理后最终判决嘉裕公司等立即停止生产、销售使用"嘉裕长城及图"商标的葡萄酒侵权产品；开心公司立即停止许可他人使用第1502431 号未注册商标的行为；嘉裕公司赔偿中粮公司经济损失 10 614 090元；嘉裕公司等赔偿中粮公司为制止侵权行为所支付的合理开支 1.6 万元等。

【思考题】

1. 商标相同或近似的判断原则与判断方法。

2. 混淆与误认对商标侵权判定的影响。

3. 商品或服务类似的判断方法。

【案例分析】

1. 商标相同或近似的判断原则与判断方法

商标相同或近似的判断原则为：（1）以相关公众的一般注意力为标准；（2）既要进行对商标的整体比对，又要进行对商标主要部分的比对，比对应当在比对对象隔离的状态下分别进行；（3）判断商标是否近似，应当考虑请求保护注册商标的显著性和知名度。

商标相同或近似的判断方法为：（1）比对时，应当以权利人商标的注册形态与被控侵权标识进行比对。权利人注册商标的实际使用形态与注册形态不一致的，在判断被控侵权商标与权利人的注册商标是否近似时，仍应以权利人商标的注册形态与被控侵权商标进行比对，而不能用实际使用的形态与被控侵权商标进行比对。（2）整体比对。将商标作为一个整体来进行观察，而不是仅仅将商标的各个构成要素单独抽出来分别进行比对。当两个商标的构成要素整体上构成近似，有可能使消费者产生误认，就应当认定为近似商标。当两个商标在各自具体的构成要素上存在区别，但只要将构成要素集合起来作为一个整体产生的整体视觉，有可能使消费者产生误认，就应当认定为近似商标。反之，如果两个商标的部分组成要素可能相同，但是它们作为一个整体并不会使消费者产生误认，就不能认定为近似商标。（3）要部比对。将商标中发挥主要识别作用的部分抽出来进行重点比较和对照，是对整体比对的补充。其中商标的要部是指最具显著性和识别性，易使相关公众将其与使用该商标的商品或服务联系起来的商标构成要素。两个商标的构成要素整体上不近似，但主张权利的商标的知名度远高于被控侵权标识的，可以采取比较主要部分决定是否近似。（4）隔离观察。将注册商标与被控侵权标识放置于不同的地点在不同的时间进行观察比对。

2. 混淆与误认对商标侵权判定的影响

商标侵权判定中的近似是指足以造成相关公众混淆、误认的近似，故在商标侵权判定中不仅应当比较诉争商标标识的外观是否近似，还应当对是否足以造成相关公众的混淆、误认进行认定。即使诉争的商标标识客观上相近似，但如果被控侵权商标的使用不会造成相关公众的混淆、误认，也不应认定构成商标侵权。

足以造成相关公众的混淆、误认一般包括：（1）商品或服务混淆，是指相关公众将两个商品或服务混为一谈；（2）来源混淆，是指相关公众误认为被控侵权商标与注册商标所标示的商品或服务来自同一市场主体，对商品或服务的来源产生混淆、误认；（3）关联关系混淆，是指虽然相关公众认为两者所标示的商品或服务来自不同的市场主体，但是误认为两个市场主体之间存在商标许可、关联企业等关联关系。

3. 商品或服务类似的判断方法

（1）应当结合案件具体的情况，以发生纠纷时相关公众的一般认识水平，从功能、用途、主要原料、消费对象、销售渠道以及服务的目的、内容、方式、对象等因素综合考虑消费者是否会混淆或认为诉争商品或服务之间有特定联系。（2）应当考虑市场实际，充分考虑商标所使用商品的关联性，结合个案情况进行认定。关联商品是针对《类似商品和服务区分表》中被划定为非类似，但实际上仍具有较强的关联性，且相关商标共存容易导致混淆误认的商品而言的，对于这些商品，只要容易使相关公众认为商品或者服务是同一主体提供的，或者其提供者之间存在特定联系，在法律上即构成类似商品。主张权利的商标已实际使用并具有一定知名度的，认定商品类似要充分考虑商品之间的关联性。（3）参照《商标注册用商品和服务国际分类表》和《类似商品和服务区分表》的分类。

第二节　注册商标专用权与企业名称权
冲突问题分析

【案例导读】

《最高人民法院关于审理商标民事纠纷案件适用法律若干问题的解释》第1条规定，将与他人注册商标相同或者相近似的文字作为企业的字号在相同或者类似商品上突出使用，容易使相关公众产生误认的，构成商标侵权行为。

需要特别注意的是：（1）只有突出使用"与他人注册商标相同或者近似文字"的企业字号时，才构成商标侵权行为。（2）尽管未突出使用企业字号的行为不构成侵害注册商标专用权，但最高人民法院在（2004）民三他字第10号函中明确，"对违反诚实信用原则，使用与他人注册商标中的文字相同或者近似的企业字号，足以使相关公众对其商品或者服务的来源产生混淆的，根据当事人的诉讼请求，可以依照民法通则有关规定以及反不正当竞争法第二条第一、二款规定，审查是否构成不正当竞争行为，追究行为人的民事责任"。

本节介绍一个商标权与企业名称权冲突的案例，围绕该案例探讨权利冲突类案件的审理原则，引导学生掌握企业名称权构成商标侵权或不正当竞争的判断因素。

【案例介绍】❶

2000年9月1日，原告北京巴黎春天摄影有限公司（以下简称"北京巴黎春天公司"）登记设立，其经营项目为婚纱摄影、婚庆服务等。该公司于2000年9月4日向国家商标局申请注册"巴黎春天 paris spring"文字加图形组合商标，核定服务项目为第42类"婚纱摄影；摄影"。此后，北京巴黎春天公司又于2005年8月25日申请注册"巴黎春天"文字商标，

---

❶　详见江苏高院（2012）苏知民终字第0120号民事判决书。

核定服务项目为第 41 类"摄影"。

被告王某某经营的海安县巴黎春天摄影店于 2005 年 1 月 18 日开业，经营范围为照相服务，企业名称预核登记为 2004 年 10 月 19 日。该店在门头标注"巴黎春天婚纱摄影"字样，其中"巴黎春天"四字居左，字形较大，"巴黎"与"春天"之间有一埃菲尔铁塔图案；"婚纱摄影"四字居右并偏下，字形较小。该店入口玻璃门上标贴"巴黎春天欢迎您"等字样。

北京巴黎春天公司认为被告的行为侵犯了其注册商标专用权，构成不正当竞争，故诉至法院，请求判令被告停止侵权、限期变更字号、赔偿损失、消除影响等。

一审法院认为：本案中，海安县巴黎春天摄影店名称核准登记早于"巴黎春天"文字商标申请注册时间，依照权利在先原则，显然不构成对该商标专用权的侵犯。而"巴黎春天 paris spring"文字加图形组合商标虽然于 2002 年即经核准注册，但被告使用的"巴黎春天"字号标识仅文字部分与该商标呼叫相同，字体、图案均不相同，且北京巴黎春天公司并未提交海安县巴黎春天摄影店于 2005 年登记成立时，其商标即具有一定的知名度和影响力，并已覆盖至江苏省特别是南通、海安地区的证据，故可以认定被告登记使用"巴黎春天"字号并没有攀附"巴黎春天 paris spring"文字加图形组合商标声誉的故意，也不会导致相关公众混淆，不构成商标侵权。被告使用"巴黎春天"系对字号的合理使用，不属于假冒北京巴黎春天公司注册商标的行为，不构成《反不正当竞争法》第 5 条第（1）项所规定的侵权情形。同时，由于"巴黎春天"由"巴黎"和"春天"两组通用词汇组成，主观臆造性不强，北京巴黎春天公司未提交任何关于其字号经长期使用，已具备了相当的市场知名度的证据，也未提交证据证明相关公众产生混淆或误认的可能性，更无证据证明被告系蓄意模仿，故亦不构成《反不正当竞争法》（1993）第 5 条第（3）项所规定的"擅自使用他人的企业名称或者姓名，引人误认为是他人的商品"的侵权行为。最终判决驳回北京巴黎春天公司的诉讼请求。

北京巴黎春天公司不服一审判决，提起上诉。

江苏高院二审认为：

第一，被告在其经营场所突出使用"巴黎春天"字样，构成对北京巴黎春天公司"巴黎春天 paris spring"注册商标专用权的侵犯。

首先，"巴黎春天"虽然是被告经营的海安县巴黎春天摄影店的字号，但其将该文字以较大字形在店面门头突出使用，"巴黎春天"不仅代表其企业字号，也是一种商标性使用方式，起到区分服务来源的作用。

其次，虽然"巴黎春天 paris spring"是图文组合商标，但"巴黎春天"作为注册商标中的中文文字部分，是消费者在识别及呼叫时的主要部分。被告经营的海安县巴黎春天摄影店提供的婚纱摄影服务，与北京巴黎春天公司的"巴黎春天 paris spring"注册商标核定使用的服务相同，在此情况下，被告应尽到相应的注意义务，规范使用其企业名称，以正确区分商品（服务）来源，避免造成相关公众的混淆和误认。但被告在经营场所的显著位置，将"巴黎春天"文字作为其店面门头突出使用，容易造成相关公众误认其经营场所与北京巴黎春天公司存在某种特定联系。

最后，在相同或者类似商品或服务上突出使用企业字号，只有在容易导致相关公众产生混淆和误认时，才属于商标侵权行为。除存在长期善意共存等特殊历史因素外，通常在判断是否造成相关公众混淆时，既要考虑客观现实的混淆，也要考虑混淆的可能性。

在我国核准注册的商标，商标专用权的保护范围应当及于全国范围，商标权人有权在全国范围内禁止他人在该指定商品（服务）或类似商品（服务）上，使用与其注册商标相同或近似的标识。商标按照其使用对象的不同，分为商品商标与服务商标。我国商标法将上述两类商标均纳入其中进行调整，故服务商标具有与商品商标相同的法律地位，应受到同等的法律保护。虽然有些服务类注册商标中提供的服务项目具有一定地域性特点，其相关服务及影响力可能未及覆盖至全国范围，但并不意味着该注册商标的保护范围仅能覆盖至商标权人所提供的服务项目所在区域。根据商标法对服务商标与商品商标给予同等保护的立法精神，以及在全球化及互联网时代，鼓励服务业连锁发展经营的理念，需要为这类商标权人预留一定的保护空间。此时，对于是否造成相关公众混淆的判断，应当更多地考虑混淆的可能性，而非仅根据该服务商标现有知名度的覆盖区域来判断是否产生实际混淆。服务商标知名度的覆盖区域，在商标侵权判定中不应作为混淆判断的重要依据，而应仅作为认定被控侵权人是否具有攀附他人商誉的故意以及确定损失赔偿额的考量因素。

本案中，北京巴黎春天公司的注册商标系婚纱摄影和摄影类服务商标，虽然该类服务具有较强的地域性，但不能仅因北京巴黎春天公司没有提供证据证明在海安县巴黎春天摄影店 2005 年登记成立时"巴黎春天 paris spring"注册商标即具有一定知名度和影响力，并已覆盖至江苏省特别是南通、海安地区，没有造成现实混淆，就推定一定不存在混淆的可能性。如果一味强调该类服务商标的商标权人必须证明其注册商标的知名度已经达到全国范围或某一区域，并以造成现实的实际混淆作为侵权判定标准，则会人为导致不合理限缩这类服务商标专用权保护的区域范围，这与我国注册商标专用权人应当在全国范围内享有商标专用权的原则相背离，且从宏观政策上看，也不利于促进我国服务业连锁经营的发展，不利于促进经济结构的转型升级。

第二，被告的涉案行为不构成不正当竞争。

首先，北京巴黎春天公司若认为被告擅自使用其企业名称构成不正当竞争，必须首先证明其企业字号"巴黎春天"具有一定市场知名度、为相关公众所知悉，但北京巴黎春天公司在诉讼中提供的证据尚不足以证明其企业字号的市场知名度，因此，一审法院以北京巴黎春天公司未提交证据证明其字号具备相当的市场知名度，且无证据证明被告存在蓄意模仿、攀附北京巴黎春天公司在先字号的主观恶意，从而认定被告的行为不构成《反不正当竞争法》第 5 条第（3）项规定的侵权情形，并无不当。

其次，因被告涉案行为已被认定构成商标侵权，且并无证据证明其突出使用"巴黎春天"字号的行为具有攀附北京巴黎春天公司注册商标商誉的故意，故在适用商标法已给予权利人足够司法救济的情况下，无须再适用《反不正当竞争法》第 5 条第（1）项关于假冒他人注册商标的规定进行不正当竞争行为的审查。

最终，二审判决撤销一审判决，被告向北京巴黎春天公司赔偿损失。

【思考题】

1. 解决权利冲突类案件的基本原则有哪些？

2. 如何处理因历史原因造成的商业标识之间权利冲突类案件？

【案例分析】

1. 解决权利冲突类案件的基本原则

（1）保护在先合法权利原则；（2）诚实信用原则；（3）防止市场混淆原则；（4）利益平衡原则。

需要特别注意的是，审理权利冲突类案件，保护在先合法权利是基本原则，但是由于商业标识类案件有时具有十分特殊的复杂性，因此在个案审理中，还应当适用其他原则，并综合考虑以下因素：（1）原、被告各自使用商业标识的情况，包括消费者的认知程度，被告使用商业标识的具体范围、持续时间，以及是否系出于正常的营业需要而合法善意地使用，有无累积一定的商誉；（2）原、被告获得商业标识的时间、取得方式、是否具有正当性与合理性、有无攀附的主观恶意；（3）诉争商业标识本身的显著性强弱、知名度大小；（4）诉争商业标识形成和发展的历史、使用现状等。在综合考虑上述因素之后，法院应当在尊重在先权利的前提下兼顾各方利益，确定是否认定商标侵权，避免绝对地以在先商标权人的利益作为唯一衡量因素，而忽略被告利益及公共利益。但为了防止市场主体的混淆和冲突，鼓励各自诚实经营，维护市场正常的竞争秩序，在维持现有使用现状的同时，双方当事人均应当各自规范使用其商业标识，以便消费者加以区分和识别，维护各方当事人及消费者的合法权益。

2. 对于因历史原因造成的商业标识之间权利冲突类案件的处理

对于一些具有复杂历史渊源的商标或老字号等商业标识，相关当事人对于商标和品牌的创立和发展都作出了自己的贡献，且均为善意使用，法院在处理此类商标纠纷案件时，应当根据个案具体情况，在充分考虑历史、政策等因素和使用现状的基础上，公平合理地解决冲突，不宜简单地认定构成商标侵权或者不正当竞争。

第三节 正当使用抗辩

【案例导读】

在侵害注册商标专用权纠纷案件的审理中，被告往往提出正当使用抗辩以证明自己并不构成商标侵权。

《中华人民共和国商标法》第59条规定，注册商标中含有的本商品的通用名称、图形、型号，或者直接表示商品的质量、主要原料、功能、用途、重量、数量及其他特点，或者含有的地名，注册商标专用权人无权禁止他人正当使用。被告提出正当使用抗辩的事由，通常包括被告的使用行为不构成商标意义上的使用；被告使用与他人注册商标相同或近似的文字并非出于不正当竞争的目的，主观上不是想故意引起混淆，而是善意、正当且合理的使用。

本节介绍正当使用抗辩的两个案例，围绕这两个案例并结合商标法正当使用抗辩的法律内涵，引导学生掌握商标侵权诉讼中常见的正当使用抗辩类型及判断要点。

【案例介绍】
案例 1❶

2005年9月27日，盛某某向国家商标局申请注册"随堂通"文字商标。2009年6月21日，该商标获得核准注册，核定使用项目为第41类，包括：培训、函授课程、课本出版（非广告材料）等。

2005年10月13日，延边教育出版社社长韩某某向商标局申请注册

---

❶ 详见江苏高院（2012）苏知民终字第0124号民事判决书。

"随堂通"文字商标，注册类别为第16类商品。2008年9月16日，商标局驳回了上述商标注册申请，理由为：该标志指定使用在"印刷出版物、印刷品、图画"等商品上，直接表示了商品的内容特点；指定使用在"书写材料、绘画材料、包装纸、广告牌"等商品上，缺乏显著性。

北京世纪卓越信息技术有限公司（以下简称"卓越公司"）通过卓越亚马逊网从事网上销售图书业务。2011年3月28日，盛某某在卓越亚马逊网购买了涉案图书《课时详解 随堂通》（化学必修2），该书版权页载明，出版：延边教育出版社 浙江科学技术出版社。该书封面标注"随堂通"三字，书脊、版权页、前言、封底标签等处均印有"课时详解 随堂通"。

盛某某诉至法院，主张延边教育出版社与卓越公司未经其同意，擅自将"随堂通"标识、字样用于图书出版、宣传和销售，行为明显误导消费者，构成侵权，应当承担停止侵害、消除影响、赔偿损失的责任。

一审法院认为：延边教育出版社在涉案图书使用"随堂通"系商标，但由于"随堂通"商标显著性较弱、知名度不高、延边教育出版社在涉案图书上使用"随堂通"在先，属善意，故延边教育出版社在涉案图书上使用"随堂通"，不会造成相关公众对商品或服务来源的混淆误认，不构成商标侵权。卓越公司销售涉案图书亦不构成商标侵权。最终判决驳回盛某某的诉讼请求，盛某某不服一审判决提起上诉。

二审法院认为：

本案中，延边教育出版社、卓越公司在编辑、出版、发行、经销图书，在提供图书查询服务、商品交易文书以及在网上书店设置关键词等行为中使用"随堂通"文字是将其作为《课时详解 随堂通》图书名称的一部分，系向相关公众说明该图书本身的内容特点，属于正当使用，不构成对盛某某注册商标专用权的侵犯。

（1）延边教育出版社在《课时详解 随堂通》系列书籍中使用"随堂通"文字属于正当使用。

首先，从使用目的看，涉案图书《课时详解 随堂通》的前言中明确记载，"丛书根据最新课改精神和最新教材编写，重点解读每课时的教材内容和补充内容，方便学生带进课堂听课、自学思考、回答问题、归纳总结、检查课后作业、自测自评，可达到'课课通，题题通，一书在手，家教可免'的目的……"。从该前言内容看，延边教育出版社使用"随堂通"文字，旨在向相关公众说明使用该系列图书将达到"课课通，题题通，每节课的内容当堂消化和理解"的效果，具有客观叙述图书内容特点、用途、功能的作用，而非指示商品的来源或图书的出版者。

其次，从使用方式看，一方面，涉案图书版权页记载的书名即为《课时详解 随堂通》，延边教育出版社是将"随堂通"三字作为该书名称的组成部分来使用的；另一方面，在涉案图书的封面和封底处，尽管延边教育出版社采用大于"课时详解"字体的彩色艺术字体标注"随堂通"文字，但是对书名使用艺术字体并突出表示部分文字属于图书特别是教辅图书封面封底装帧设计中常见的情形。

最后，延边教育出版社使用"随堂通"文字属于善意在先使用。

本案中，在先生效的北京市西城区人民法院（2011）西民初字第8571号民事判决查明："2005年5月，延边教育出版社出版了《课时详解 随堂通》系列教辅书，并在图书封面上使用了'课时详解 随堂通'字样"，而盛某某于2005年9月申请注册"随堂通"商标，后于2009年6月核准注册，故延边教育出版社在盛某某申请注册"随堂通"商标前即已经开始使用"随堂通"文字，其在后续出版的涉案图书上继续将"随堂通"作为图书名称的组成部分使用是一种正当的沿用行为，且盛某某亦没有提供证据证明延边教育出版社使用"随堂通"文字系攀附其商标的已有商誉或知名度，故延边教育出版社是出于善意且一直将"随堂通"作为图书名称的组成部分加以沿用。

综上，延边教育出版社在《课时详解 随堂通》系列书籍中使用"随堂通"是对"随堂通"文字的正当使用，一审法院认为延边教育出版社使用"随堂通"系商标性使用的认定欠妥，应予纠正。

（2）延边教育出版社在编辑、出版的图书上使用"随堂通"文字并未造成相关公众的混淆或误认。

首先，涉案注册商标"随堂通"的显著性较弱。以"随堂通"商标现有的影响力，以一般消费者的认知，在教辅类图书上看到"随堂通"三字，更多地会被理解为系作为用以表示学习某项专业知识的效果等的词汇，而类似于"随堂通"的"课课通""课课练"等词汇在教辅市场的图书名称中也具有一定的广泛性，故"随堂通"尽管被注册为商标，但其在区别商品来源方面的显著性较弱，存在天然的缺陷。

其次，涉案注册商标"随堂通"的知名度较低。盛某某虽然注册了"随堂通"商标，但其仅将"随堂通"使用于《回字格写字》等培训教材，而该培训教材并非公开出版物，接触的消费人群有限，故"随堂通"商标的知名度较低，其获得的保护也就相应有限。当然，如果盛某某在41类培训等服务类别中长期持续地使用其"随堂通"商标，并使之达到非常高的知名度，使"随堂通"商标获得足够的显著性，并建立起与其自身服务唯一联系，其"随堂通"商标的保护强度也会相应获得增强。

最后，在图书市场中，除非图书的品牌已经达到相当高的知名度，已拥有广泛固定的读者群体，一般来说，消费者购买书籍时的消费习惯更多地在于关注书籍的作者、内容以及相应的出版机构，而非书籍的商标，故消费者在购买书籍时不会因为"随堂通"系他人注册商标而对商品来源产生混淆，况且涉案图书的版权页也已经特别标明"出版：延边教育出版社、浙江科学技术出版社"的字样，在封面和扉页也标注了延边教育出版社、浙江科学技术出版社。

综上，由于延边教育出版社在《课时详解 随堂通》系列书籍中使用"随堂通"是对"随堂通"文字的正当使用，并未造成相关公众的混淆或误认，故延边教育出版社在《课时详解 随堂通》系列书籍中使用"随堂通"的行为不构成侵犯盛某某的注册商标专用权。一审法院关于延边教育出版社使用"随堂通"系商标性使用的认定欠妥，应予纠正，但因判决结果正确，故判决驳回上诉，维持原判决。

案例 2❶

柏某某经营的"美味饭店"位于句容市茅山风景区内,自 1995 年开始由其丈夫王某某腌制咸鹅、咸鸡作为饭店菜肴,兼作外售。由于"美味饭店"销售的咸鹅、咸鸡口味好,王某某及其腌制的老(草)鹅、草鸡有了一定声誉,逐渐成为远近闻名的具有地方特色的一种腌制食品。至 2001年,柏某某开始出售印有"茅山老(草)鹅""茅山草鸡"字样包装袋的鹅、鸡腌制品。

句容市联友卤制品厂(以下简称"联友厂")系 2001 年 8 月成立的私营独资企业。2002 年 11 月,联友厂向国家商标局申请注册"茅山"文字商标,核定使用商品第 29 类,即板鸭、死家禽。之后不久,联友厂发现柏某某制作的鹅、鸡腌制品外售包装上印有"茅山老(草)鹅""茅山草鸡"字样,故向法院提起侵权之诉。

一审法院认为:联友厂合法取得的"茅山"注册商标专用权依法应予保护。柏某某在其生产的同类产品上突出使用茅山字样,构成对联友厂注册商标专用权的侵害。但由于柏某某使用"茅山老(草)鹅"和"茅山草鸡"包装袋的时间早于联友厂申请注册商标的时间,且在联友厂申请注册"茅山"商标短时间内主动停止使用该包装物,客观上不太可能给联友厂造成经济方面的损失。故一审法院判决柏某某不得再使用印有"茅山老(草)鹅"和"茅山草鸡"字样的包装,并赔礼道歉。

二审法院认为:《中华人民共和国商标法实施条例》第 49 条规定❷,注册商标中含有地名,注册商标专用权人无权禁止他人正当使用。本案中,"茅山"系地名商标,柏某某在其生产、销售的产品包装上使用"茅山"字样是一种正当使用,不会误导公众,其行为不构成对联友厂注册商标专用权的侵犯。主要理由是:

(1)柏某某经营的美味饭店位于茅山地区,柏某某在其生产的"老(草)鹅""草鸡"商品名称前注明"茅山",只是标明该商品的产地来

---

❶ 详见江苏高院(2004)苏民三终字第 003 号民事判决书。
❷ 在 2013 年商标法修正前,正当使用抗辩规定在《商标法实施条例》第 49 条之中。

源，而非将"茅山"字样特定化，作为商品的标识使用。

（2）在联友厂获准注册"茅山"商标之前，柏某某就已在自己的商品上使用"茅山"字样，其不存在侵犯他人注册商标的主观恶意，柏某某的这种使用应属于善意使用。

（3）本案中，"茅山"作为地名的知名度远远高于作为商标的知名度，且在茅山地区，"老（草）鹅""草鸡"这种腌制食品已成为当地的土特产。因此，消费者在识别这类商品时，往往会结合生产者及其他相关标识等一系列因素加以区分，不会对联友厂和柏某某生产的产品产生混淆，造成误认。故判决：撤销一审判决，改判驳回联友厂的诉讼请求。

【思考题】

1. 正当使用抗辩一般包括哪些抗辩事项？

2. 如何判断被告使用地名的行为是否属于正当使用？

3. 地理标志类商标侵权案件中，如何界定商标侵权行为与产地的正当使用？

【案例分析】

1. 正当使用抗辩包括的事项

（1）描述商品或服务品质的叙述性使用。注册商标直接表示商品的性质、质量、主要原料、功能、用途、重量、数量、种类及其他特点，其他生产者出于说明或客观描述商品特点的目的，以善意方式在必要的范围内予以标注，不会导致相关公众将其视为商标而导致来源混淆的，构成正当使用。

（2）指示商品或服务特点的指示性使用。在产品修理、零配件制造、产品销售、产品组装等商业领域，经营者为了向消费者描述其制造、销售的商品或提供的服务内容、来源，应当允许其合理使用商标权人的商标。但在上述情况下，经营者必须遵守指示性合理使用的规则，在使用时应基于诚信善意，不能以其描述的需要为由随意扩大使用商标权人的商标，使用商标的具体形式、程度应保持在合理范畴之内，不会对商标权人的合法权益造成损害。

（3）地名使用。注册商标中含有地名的，商标权人无权禁止他人在相同或者类似商品上正当使用该地名来表示商品与产地、地理位置等之间的联系。注册商标的知名度明显高于地名，商标权人虽无权禁止他人在相同或类似商品上正当使用该地名来表示商品与产地之间的联系，但如果有证据显示，他人使用该地名的方式并非出于标注产地的需要，而明显具有攀附注册商标的商誉或知名度，以使消费者产生混淆或误认的故意的，则该使用行为已经超出正当使用的范畴，应当认定构成商标侵权及不正当竞争。

2. 对被告使用地名的行为是否属于正当使用的判断

判断被告使用地名的行为是否属于正当使用，须结合地名商标的知名度、被告使用的具体方式和目的、是否会导致相关公众产生混淆等因素进行综合判断。若通过对上述诸因素的综合分析判断，确定被告的使用行为系出于攀附权利人地名注册商标知名度或商誉的意图，可能使相关公众产生混淆的，则该使用行为超出了正当使用的范畴，构成商标侵权；若被告的使用行为有正当理由，且不会使相关公众产生混淆或误认，则属于法律规定的正当使用，不构成侵权。

3. 地理标志类商标侵权案件中关于产地正当使用的界定

地理标志商标是标示某商品来源于某地区，并且该商品的特定质量、信誉或其他特征主要由该地区的气候、地质、土壤以及品种等自然因素和与之相适应的生产技术、加工工艺等人为因素所决定的标志。

地理标志是一项地区性、公有性的财产权，产地内所有符合条件的厂商和个人都有权使用，不允许垄断使用。因此，在地理标志的保护及侵权诉讼中，正当使用是被告经常提出的抗辩，实践中需要重点审查的问题包括被告销售的产品是否来源于该地理标志特定区域内、是否具备特定品质、产品标注的使用方式是否正当以及使用者主观上是否出于善意。如果被控侵权人提供的证据能够证明其商品或服务确实来源于地理标志特定区域，具备特定品质，且未使用地理标志中的特有图案，应当认定系对特定地名的正当使用，作出不侵权认定。

实践中，对于被告正当使用的标注方式，可以包括以下三种情形：

（1）经地理标志集体商标和证明商标注册人许可的，可以使用地理标志集体商标和证明商标。对于地理标志证明商标来说，其商品符合使用该地理标志条件的自然人、法人或者其他组织均可以要求使用该证明商标，控制该证明商标的组织应当允许。对于地理标志集体商标而言，其商品符合地理标志条件的自然人、法人或者其他组织，要求参加该组织的，组织应当依照章程接纳其为会员，不愿加入的，也可以正当使用该地理标志，组织无权禁止。

（2）对于产品产自地理标志特定区域、具备特定品质的，生产者可以描述性方式正当使用地名，即"地名+产品名称"的方式。

（3）对于产品并非产自地理标志特定区域也不具备特定品质，但是产自地理标志地名区域范围内的，为避免导致公众混淆或误认，可以采取"产地：地名"等方式标注，如"产地：盱眙"，但不能突出使用地名，以防止产生特定商品或服务的来源混淆。

第四节　停止侵害问题研究

【案例导读】

在侵害注册商标专用权及不正当竞争纠纷案件中，法院判决的责任方式主要包括：停止使用侵害原告注册商标专用权的"××"标识的行为；规范使用、不得突出使用或者停止使用侵害原告注册商标专用权的"××"企业名称。其中，关于规范使用、停止使用企业名称的适用问题，《最高人民法院关于审理注册商标、企业名称与在先权利冲突的民事纠纷案件若干问题的规定》第4条规定，被诉企业名称侵犯注册商标专用权或者构成不正当竞争的，人民法院可以根据原告的诉讼请求和案件具体情况，确定被告承担停止使用、规范使用等民事责任。

对于被诉企业名称侵害注册商标专用权或者构成不正当竞争的案件，是否判令停止使用企业名称，应当视案件具体情况，在综合考量主观恶意程度、历史因素和使用现状的基础上公平合理作出裁量。在被告注册、使用被诉企业名称具有明显攀附恶意时，如果允许被告继续使用其字号，与原告字号共存，即便不突出使用字号，对于市场而言，尤其是潜在购买者，仍极易发生混淆或者误认为两者之间存在投资或合作等关联关系时，应当判决被告停止使用企业名称，以体现商标法鼓励诚实信用、诚信经营的价值取向，鼓励企业发展自主品牌的裁判导向。

本节介绍一个判决规范使用企业名称的案例，围绕该案例引导学生掌握规范使用、停止使用企业名称的不同适用条件。

【案例介绍】❶

2003 年李某某获准在第 43 类饭店、快餐馆等服务上注册"王将"商标，并在其在哈尔滨市经营的餐馆中使用"王将"商标。2005 年 1 月，日本王将株式会社投资成立的大连饺子的王将餐饮有限公司获批成立。同年 11 月，经核准变更名称为王将饺子（大连）餐饮有限公司（以下简称"大连王将公司"）。大连王将公司在其经营的餐馆招牌、店内筷子套等餐具包装、菜谱、茶具上使用了"王将"字样服务标识以及在菜谱、茶具及发票印鉴上使用了"王将"字样服务标识。李某某起诉认为大连王将公司的行为侵犯其商标专用权，请求判令大连王将公司停止侵权行为、变更企业名称、公开赔礼道歉并赔偿经济损失。

一审法院认为，大连王将公司注册包含"王将"字号的企业名称在李某某"王将"文字商标注册之后，且其经营范围包含在李某某注册商标的核定服务项目范围之内，大连王将公司在同业经营中使用与李某某注册商标相同的文字，足以使相关消费者对餐饮服务的来源以及不同经营者之间是否具有关联关系等产生混淆误认，属于商标法规定的给他人注册商标专

---

❶ 详见最高人民法院（2010）民提字第 15 号民事判决书。

用权造成其他损害的行为。同时，大连王将公司使用与注册商标相同的"王将"文字和相近似的"王将"服务标识，构成商标侵权。遂判决大连王将公司在李某某"王将"商标注册证核定服务项目的范围内停止使用含有"王将"字样的企业名称、立即停止使用"王将"和"王将"字样的服务标识并赔偿李某某经济损失。大连王将公司不服一审判决，提起上诉，二审法院最终维持一审判决。

大连王将公司不服，向最高人民法院申请再审。最高人民法院提审本案后于 2010 年 6 月 24 日作出再审判决，撤销了原审判决关于大连王将公司停止使用含有"王将"字样的企业名称与停止使用"王将"和"王将"字样的服务标识的判项，改判大连王将公司规范使用其企业名称，停止突出使用"王将"和"王将"等侵犯李某某注册商标专用权的行为，并赔偿李某某经济损失等。

最高人民法院再审认为：注册商标和企业名称均是依照相应的法律程序获得的标志权利，分属不同的标志序列，依照相应法律受到相应的保护。对于注册商标与企业名称之间的纠纷，人民法院应当区分不同的情形，按照诚实信用、维护公平竞争和保护在先权利等原则，依法处理。如果注册使用企业名称本身具有不正当性，比如不正当地将他人具有较高知名度的在先注册商标作为字号注册登记为企业名称，即使规范使用仍足以产生市场混淆的，可以按照不正当竞争处理；如果是不规范使用企业名称，在相同或者类似商品上突出使用与他人注册商标相同或相近的企业的字号，容易使相关公众产生误认的，属于给他人注册商标专用权造成其他损害的行为，依法按照侵犯商标专用权行为处理。相应地，人民法院应当依据《最高人民法院关于审理注册商标、企业名称与在先权利冲突的民事纠纷案件若干问题的规定》第 4 条的规定，根据原告的诉讼请求和案件具体情况，确定被告应当承担的民事责任。如果不正当地将他人具有较高知名度的在先注册商标作为字号注册登记为企业名称，注册使用企业名称本身即是违法，不论是否突出使用均难以避免产生市场混淆的，可以根据当事人的请求判决停止使用或者变更该企业名称；如果企业名称的注册使用并不违法，只是因突出使用其中的字号而侵犯注册商标专用权的，判决被告规范使用企业名称、停止突出使用行为即足以制止被告的侵权行为，因此这种情况下不宜判决停止使用或者变更企业名称。规范使用企业名称与停止使用或变更企业名称是两种不同的责任承担方式，不能因突出使用企业名称中的字号从而侵犯商标专用权就一律判决停止使用或变更企业名称。本案中，虽然李某某的"王将"商标注册在先，但其仅在黑龙江省哈尔滨市实际使用，且在大连王将公司注册登记企业名称时并未具有较高知名度。同时，由于大连王将公司是日本王将株式会社投资成立的，大连王将公司以"王将"为字号注册其企业名称，具有一定合理性。如果大连王将公司在经营活动中规范使用其王将饺子（大连）餐饮有限公司的企业名称，不足以导致相关公众的混淆误认。因此，原审判决大连王将公司停止使用含有"王将"字样的企业名称，没有事实和法律依据。

【思考题】

何种情况下可以判决停止使用企业名称？

【案例分析】

关于规范使用、停止使用企业名称的适用：

（1）如果企业名称的注册使用并不违法，只是因突出使用其中的字号而侵害注册商标专用权的，判决被告规范使用企业名称、停止突出使用行为即足以制止被告的侵权行为，不宜判决停止使用或者变更企业名称。

（2）如果被告不正当地将他人具有较高知名度的在先注册商标作为字号注册登记为企业名称，注册使用企业名称本身即是违法，不论是否突出使用均难以避免产生市场混淆的，可以判决停止使用或者变更该企业名称，在使用范围、使用方式上有所限制，从而形成双方互不干扰、自由竞争的局面。

第五节　赔偿损失的考量与计算

【案例导读】

《中华人民共和国商标法》第 63 条规定，侵犯商标专用权的赔偿数额，按照权利人因被侵权所受到的实际损失确定；实际损失难以确定的，可以按照侵权人因侵权所获得的利益确定；权利人的损失或者侵权人获得的利益难以确定的，参照该商标许可使用费的倍数合理确定。对恶意侵犯商标专用权，情节严重的，可以在按照上述方法确定数额的 1 倍以上 5 倍以下确定赔偿数额。赔偿数额应当包括权利人为制止侵权行为所支付的合理开支。人民法院为确定赔偿数额，在权利人已经尽力举证，而与侵权行为相关的账簿、资料主要由侵权人掌握的情况下，可以责令侵权人提供与侵权行为相关的账簿、资料；侵权人不提供或者提供虚假的账簿、资料的，人民法院可以参考权利人的主张和提供的证据判定赔偿数额。权利人因被侵权所受到的实际损失、侵权人因侵权所获得的利益、注册商标许可使用费难以确定的，由人民法院根据侵权行为的情节判决给予 500 万元以下的赔偿。

本节介绍一个具体计算赔偿额及惩罚性赔偿的案例，围绕该案例引导学生掌握具体计算的方法、惩罚性赔偿的适用条件。

【案例介绍】❶

小米科技有限责任公司（以下简称"小米科技公司"）、小米通讯技术有限公司（以下简称"小米通讯公司"）先后成立于 2010 年 3 月、2010 年 8 月。2010 年 4 月，小米科技公司申请注册"小米"商标。2011 年 4 月，"小米"商标被核准注册，核定使用商品包括手提电话、可视电话等。此后还陆续申请注册了"■""智米"等一系列商标。小米科技

---

❶ 详见江苏高院（2019）苏民终 1316 号民事判决书。

公司、小米通讯公司通过"硬件+软件+互联网"的商业模式，在较短的时间内将小米手机打造成互联网品牌手机。自 2010 年以来，先后获得一系列行业内的多项全国性荣誉，各大主流报纸、期刊、网络媒体等均对小米科技公司、小米通讯公司及其小米手机进行持续、广泛的宣传报道。在商业宣传时，小米科技公司、小米通讯公司还使用了经典的宣传语"为发烧而生""做生活中的艺术品"、醒目的橙白配色等方式。

2011 年 11 月，中山奔腾电器有限公司（以下简称"中山奔腾公司"）申请注册"小米生活"商标，2012 年 10 月初步审定公告。小米科技公司提出异议，2015 年该商标被核准注册，核定使用商品包括电炊具、热水器、电压力锅等。2018 年，"小米生活"注册商标被国家工商行政管理总局商标评审委员会（以下简称"国家商评委"）以系通过不正当手段取得注册为由，裁定宣告无效。2019 年，北京知识产权法院作出行政判决，驳回中山奔腾公司的诉讼请求。此外，在中山奔腾公司注册的 90 余件商标中，不仅有在第 7 类、第 10 类、第 11 等类别的商品上注册的多件与小米科技公司"小米""智米"标识近似的商标，还有"百事可乐 PAPSIPAPNE""盖乐世""威猛先生""奔腾大地"等与他人知名品牌相同或近似的商标。

小米科技公司、小米通讯公司提供的数份公证书显示，2016 年起，中山奔腾公司、中山独领风骚生活电器有限公司（以下简称"中山独领公司"）在其制造的电磁炉、电饭煲等被控侵权商品、经营场所、网站、域名、微信公众号等处突出使用"小米生活"标识。京东网、淘宝网、苏宁易购等电商平台的涉案 23 家店铺销售了被控侵权商品。

小米科技公司、小米通讯公司认为，"小米"商标经过长期广泛使用，在市场上已经属于具有极高知名度和美誉度的驰名商标。中山奔腾公司、中山独领公司等共同实施了侵犯"小米"驰名商标专用权的行为；中山奔腾公司、中山独领公司在产品的宣传和推广中使用与"小米"品牌近似的配色、广告语，构成虚假宣传的不正当竞争行为，故诉至法院，请求判令中山奔腾公司、中山独领公司等停止侵权、消除影响，并连带赔偿其经济损失 5000 万元及合理支出 414 198 元。

一审法院认为：

（1）涉案第 8228211 号"小米"商标构成驰名商标。涉案"小米"商标及其小米手机获得公众关注的方式有不同于其他商标和商品的特别之处。小米手机在发布、上市前，允许手机发烧友参与手机系统的开发、提出意见建议，吸引了数量较大的相关公众对其手机保持关注；在其手机发布当天，其手机的搜索量和关注度明显大幅增长，高于其他品牌手机，表明市场及消费者均对其手机持续保持关注，具有一定的影响力；小米科技公司、小米通讯公司采取了集中预订销售的方式，在短时间内将 40 万台手机投入市场并进入消费者手中。小米手机作为一个全新品牌的手机，在当年 8 月才向市场发布，9 月才开始接受预订，故不宜以常规性的全年销售数量及市场份额占比衡量其在公众中的知晓程度。"小米"商标注册、小米手机投入市场后，在短时间内所形成的知名度、关注度较高，影响力较大。"小米"商标在获准注册后持续使用至今，小米科技公司、小米通讯公司对该商标及使用该商标的商品的宣传持续时间长、方式多样、费用金额巨大、范围遍及全国，该商标被抢注、被侵权的情形多发、较为严重，国家工商行政管理总局商标局、国家商评委多次作出不予注册、宣告争议商标无效的决定，法院亦作出认定构成侵权的判决。因此，"小米"商标在中山奔腾公司申请注册"小米生活"商标时已构成驰名商标。中山奔腾公司、中山独领公司等的行为侵犯了涉案"小米"注册商标专用权并构成不正当竞争。

（2）中山奔腾公司、中山独领公司等应承担的民事责任。中山奔腾公司、中山独领公司应当承担停止侵权、消除影响、赔偿损失的责任。麦某某为中山奔腾公司、中山独领公司的侵权行为提供帮助，应当与两公司承担连带责任。关于赔偿损失及合理开支的数额，小米科技公司、小米通讯公司要求按照侵权人因侵权所获得的利益计算，并考虑驰名商标的显著性和知名度以及侵权时间、范围等因素，对本案恶意侵权行为适用惩罚性赔偿。一审法院认为，中山奔腾公司、中山独领公司的侵权行为具有极为明显的恶意，情节极为恶劣，所造成的后果亦十分严重，应当适用惩罚性赔偿。小米科技公司、小米通讯公司根据23家线上店铺评论数量计算的结果与法院调取的其中两家店铺数据对比可见，以评论数量计算的销售量及销售额并不准确，远低于实际的销售量及销售额。由此可以推断，以上店铺实际销售被控侵权产品的总额超过76 153 888.8元，即使是只加上该两店铺的销售数据差额，销售总额也达83 157 636元。国内两大电器上市公司的年度报告显示，小家电行业的毛利率为29.69%~37.01%。中山奔腾公司、中山独领公司也为生产、销售小家电的企业，其规模虽小于上市公司，但其综合成本也应小于上市公司，其利润率应大于上市公司。以该两上市公司小家电毛利率的中间数33.35%作为中山奔腾公司、中山独领公司制造、销售被控侵权产品的利润率较为公平合理，据此计算，其利润为27 733 071.6元。按照侵权获利数额的二倍计算，数额为55 466 143.2元，故对小米科技公司、小米通讯公司要求赔偿经济损失5000万元的诉讼请求予以全额支持。小米科技公司、小米通讯公司为制止侵权行为支出律师费、公证费、财产保全保险费及文献检索费等费用共414 198元，有发票为证，且与其诉讼行为及提交的证据相对应，未超过相应标准，亦予以支持。

综上，一审法院判决：中山奔腾公司、中山独领公司等停止侵权，赔偿经济损失5000万元及合理开支414 198元，中山奔腾公司、中山独领公司在电商平台网站及中山奔腾公司官方网站刊登声明以消除影响。中山奔腾公司、中山独领公司等不服一审判决，提起上诉。

二审法院认为：

（1）在中山奔腾公司申请注册"小米生活"商标之前，"小米"注册商标已达到驰名状态。在认定涉案"小米"商标是否驰名时，应着重考虑以下因素：①2011年是我国移动互联网迅速发展的一年。小米科技公司、小米通讯公司通过"硬件+软件+互联网"的商业模式，在较短的时间将小米手机打造成互联网品牌手机。在认定涉案"小米"商标驰名的时间节点、社会公众知晓程度时，需综合考虑《商标法》

第 14 条规定的各项因素，并结合移动互联网行业的特点，对涉案"小米"商标是否驰名进行客观、全面地认定，不应机械地适用《驰名商标认定和保护规定》中关于持续 3 年或 5 年时间等相关内容的规定。②中山奔腾公司申请注册"小米生活"商标的时间为 2011 年 11 月 23 日，在认定该时间点"小米"商标知名度状态时，不应孤立、片面地认定，应综合分析前后相近一段时间内"小米"商标使用证据，对发生在该时间点之后，能够补强证明该时间点商标知名度状态的使用事实，酌情予以考虑。③企业名称和商标共同承载着企业的商誉。小米科技公司、小米通讯公司的企业字号与涉案注册商标"小米"文字重合，两者具有高度关联性，在认定"小米"商标知名度时，亦应适当考虑小米科技公司、小米通讯公司企业名称或企业字号的使用情况和知名度。根据商标法关于驰名商标遵循个案认定的基本原则，综合考虑本案事实和相关因素，可以认定涉案"小米"商标在 2011 年 11 月 23 日"小米生活"商标申请注册时已为相关公众所熟知，一审判决认定"小米"商标构成驰名商标，并无不当。

（2）中山奔腾公司、中山独领公司等的涉案行为构成商标侵权。中山奔腾公司在不同类别商品上申请注册的"小米生活"商标系摹仿小米科技公司已经注册的涉案"小米"驰名商标。中山奔腾公司、中山独领公司在经营场所、网站、微信公众号、被控侵权商品等处，突出使用"小米生活"，不正当地利用"小米"驰名商标的市场声誉，误导公众，损害了驰名商标注册人的利益，构成商标侵权。根据域名查询信息显示，涉案"小米生活电器.com""xiaomi68.com"域名系中山奔腾公司注册，中山独领公司将该域名用于其电子商务网站经营。上述两个域名中的"小米生活电器""xiaomi"系对"小米"驰名商标的摹仿或音译，足以造成相关公众的误认，亦构成商标侵权。麦某某通过其个人身份，为中山奔腾公司、中山独领公司实施一系列商标侵权行为提供相应的便利条件，一审判决认定其构成帮助侵权并无不当。

（3）中山奔腾公司、中山独领公司涉案行为构成不正当竞争。中山奔腾公司、中山独领公司从商标、宣传用语、颜色搭配、粉丝昵称等方面进行全方位的效仿，刻意制造与小米科技公司、小米通讯公司及其商品之间的模糊连接，误导消费者，不正当地掠夺小米科技公司、小米通讯公司的商业信誉、商品声誉以及由此相伴的消费群体，提升自己的竞争优势，显然有违诚实信用原则，属于以引人误解的方式进行商业宣传，构成不正当竞争。

（4）关于民事责任的承担。中山奔腾公司、中山独领公司共同实施商标侵权行为，并构成不正当竞争，依法应承担停止侵权、消除影响、赔偿损失的民事责任。麦某某为两公司的侵权行为提供帮助，应与两公司承担连带赔偿责任。

关于本案赔偿额的确定。一审中，小米科技公司、小米通讯公司主张以侵权获利额作为赔偿依据，并适用惩罚性赔偿，主张赔偿5000万元。对此二审法院认为：

首先，网店商品的评论数可以作为认定商品交易量的参考依据。按照涉案京东网、淘宝网等电商平台的一般评价规则，用户完成一次订单交易后在一定的期限内可以对商品作出一次评价，即评价数与交易次数具有高度对应关系。同时，与一审法院调取中山奔腾公司、中山独领公司网上直营店的实际销售额数据相比，虽然两者存在2个多月时间差，但即便扣除2个月的平均销售额，按照评论数计算销售额亦低于同期实际的销售量及销售额，故以评论数作为销售量的参考依据具有合理性。

其次，涉案23家店铺的销售额可以纳入本案侵权获利额的计算范围。但是，不能直接以经销商的全部销售额作为本案侵权获利额，应将中山奔腾公司、中山独领公司自营店与经销商的销售额分别计算。从部分经销商从中山奔腾公司进货的销售发票记载的商品单价看，与中山奔腾公司、中山独领公司直营店价格相比，大致在6~7折，结合其在官网中关于"网店未做活动情况下，按网络零售价（价格以公司下设的淘宝网店为准）的6.5折供货"的内容，酌情按照经销商销售额的6折计算本案侵权获利额。基于上述分析，法院确定涉案23家网店的销售额总计为61 158 213.3元。

关于利润率，一审判决参考珠海格力电器股份有限公司、美的集团股份有限公司年度报告显示的小家电行业毛利率，以中间数 33.35% 作为本案被控侵权商品利润率并无不当。

最后，本案符合惩罚性赔偿适用条件。一审法院综合考虑三上诉人主观上具有侵权恶意、侵权情节恶劣、侵权后果严重等因素，适用惩罚性赔偿，具有事实和法律依据。同时，二审法院认为，在确定具体的惩罚倍数时还需考虑以下事实和相关因素：①直到二审期间，中山奔腾公司、中山独领公司仍在持续宣传、销售被控侵权商品，具有明显的侵权恶意。②小米科技公司、小米通讯公司在涉案大部分线上店铺中仅公证购买一款商品，以该款商品评论数计算销售额，并未将店铺中所有侵权商品销售额计算在内。而中山奔腾公司、中山独领公司通过多家电商平台、众多店铺在线上销售，网页展示的侵权商品多种多样，数量多，侵权规模大，这一情节亦应作为确定惩罚数额的考量因素。③涉案"小米"商标为驰名商标，具有较高的知名度、美誉度和市场影响力。但被控侵权商品"小米生活"Mi001 电磁炉、MW-806 手持式挂烫机分别于2018年、2019年被上海市市场监督管理局认定为不合格产品。且从涉案店铺商品评价可知，部分用户亦反映被控侵权商品存在一定的质量问题。因此，中山奔腾公司、中山独领公司在被控侵权商品上使用"小米生活"商标，在一定程度上会降低消费者对于"小米"驰名商标的信任，导致该商标所承载的良好声誉受到损害，故对于涉案侵权行为应加大司法惩处力度。

基于上述分析，结合二审另查明的事实，二审法院确定以侵权获利额为赔偿基数，按照三倍酌定本案损害赔偿额，对一审判决确定二倍的惩罚倍数标准予以适当调整。根据前述计算方式，销售额为 61 158 213.3 元，以 33.35% 的利润率计算，侵权获利额为 20 396 264.1 元，按照三倍计算为 61 188 792.4 元，故一审判决对小米科技公司、小米通讯公司主张赔偿 5000 万元的诉讼请求予以全额支持，并无不当。关于合理开支，小米科技公司、小米通讯公司主张其为制止侵权行为支出了律师费、公证费等费用共计 414 198 元，有相应票据、公证书等相关证据予以印证，且数额合理，故一审判决一并予以支持，亦无不当。最终判决：驳回上诉，维持原判。

【思考题】

1. 赔偿额的计算方法。

2. 适用法定赔偿应当考虑的因素。

3. 合理开支的构成。

4. 惩罚性赔偿的适用条件。

【案例分析】

1. 赔偿额的计算方法

侵犯商标专用权的赔偿数额，按照权利人因被侵权所受到的实际损失确定；实际损失难以确定的，可以按照侵权人因侵权所获得的利益确定。其中：（1）权利人的损失是指权利人因侵权所受到的损失可以根据权利人因侵权所造成商品销售减少量或者侵权商品销售量与该注册商标商品的单位利润乘积计算。确定商标侵权赔偿数额时，在权利人有证据证明其产品销量严重下降主要系因行为人实施侵权行为的情况下，权利人主张其实际损失包括因销售流失以及被迫降价而损失的利润、未来必将损失的销售利润以及商誉的损失的，人民法院应予支持。（2）侵权人的获利是指被告因侵权所获得的利益可以根据侵权商品销售量与该商品单位利润乘积计算；该商品单位利润无法查明的，按照注册商标商品的单位利润计算。如果以上述两个单位利润计算均不尽合理，也可以以同类产品的平均利润率或者参照最相似产品的利润率计算。

2. 适用法定赔偿应当考虑的因素

权利人因被侵权所受到的实际损失、侵权人因侵权所获得的利益、注册商标许可使用费难以确定的，由人民法院根据侵权行为的情节判决给予 500 万元以下的赔偿。适用法定赔偿，法院应当考虑如下因素：

（1）侵权行为的性质、持续时间、范围、后果；（2）商标的声誉，商标使用许可费的数额，商标使用许可的种类、时间、范围；（3）原告可能遭受的损失，被告可能获得的利益；（4）被告的过错程度、被告有无侵权史；（5）制止侵权行为的合理开支；（6）原告因侵权行为受到的商业信誉损失。

如果现有证据已经证明因侵权行为导致的权利人损失额或者侵权人获利额已经超过法定赔偿额最高限额的，法院应当根据当事人请求及现有证据，在法定赔偿额上限以上合理确定赔偿数额。

3. 合理开支的构成

赔偿数额应当包括权利人为制止侵权行为所支付的合理开支。其中合理开支是指原告为制止侵权行为发生而支出的合理费用的项目及范围，一般包括：公证费、因调查取证或出庭而产生交通、住宿、误工等费用、档案查询费、材料印制费、翻译费、交通费与住宿费、律师代理费、公告费以及因申请保全提供担保发生的保险费。

对合理费用，法院应当进行合理性、必要性和关联性的审查。权利人虽未能提交发票等证据证明其维权支出，但根据案件查明的事实，能够推定该项支出确已发生且系维权必要的，可以纳入合理费用范围。

需要特别注意的是：在关联案件中，对于原告为制止侵权行为而共同支出的合理费用，已在其他案件中确定或考虑过的不再重复计算；由于合理费用与侵权所造成的损失虽有关联，但是为两种不同性质的费用，而且合理费用一般都能够准确算出，因此一般情况下，在裁判文书的事实部分可以详细认定合理费用的具体项目及确定依据，并在主文中对合理费用部分与赔偿额分别进行裁判。

4. 惩罚性赔偿的适用条件

近年来，党中央、国务院先后出台一系列举措，要求全面加强知识产权保护，确立知识产权严保护政策导向，建立健全知识产权侵权惩罚性赔偿制度。❶ 惩罚性赔偿，是指由法院作出的超出实际损害数额的赔偿，具有补偿受害人遭受的损失、惩罚和遏制不法行为等多重功能。❷ 惩罚性赔偿以补偿性赔偿的存在为前提，在侵权人补偿受害人实际损失的数额后，再另行支付一定的赔偿金作为惩罚。❸

我国知识产权法领域引入惩罚性赔偿制度始于 2013 年修订的《商标法》，该法第 63 条规定"对恶意侵犯商标专用权，情节严重的，可以在按照上述方法确定数额的一倍以上三倍以下确定赔偿数额"。2019 年，《商标法》再次修订，提高了惩罚性赔偿的标准，将"一倍以上三倍以下"修改为"一倍以上五倍以下"。即在商标侵权纠纷案件中，如果有证据证明侵权人恶意侵害商标权的，可以根据侵权人主观恶意程度或侵权情节，适用惩罚性赔偿，以确定的补偿性损害赔偿数额为基数，在法定倍数范围内酌定损害赔偿数额。权利人维权支出的合理开支，不纳入计算基数。

该条规定以"恶意"和"情节严重"作为惩罚性赔偿制度的适用要件，既在一定程度上明确了适用范围，也在一定程度上防止出现滥用惩罚性赔偿的情形。（1）"恶意"一般包括：侵权人在权利人发出侵权警告函或通知后无正当理由继续实施侵权行为；侵权人与权利人或其被许可人之间的代理、许可、合作关系终止后未经许可继续实施相关行为；侵权人不

---

❶ 2019 年 10 月 31 日，党的十九届四中全会审议通过的《中共中央关于坚持和完善中国特色社会主义制度推进国家治理体系和治理能力现代化若干重大问题的决定》提出"建立知识产权侵权惩罚性赔偿制度"。2019 年 11 月 24 日，中共中央办公厅、国务院办公厅印发《关于强化知识产权保护的意见》，指出要加大侵权假冒行为惩戒力度，加快在专利、著作权等领域引入侵权惩罚性赔偿制度。2019 年 12 月 22 日，中共中央、国务院《关于营造更好发展环境支持民营企业改革发展的意见》明确要建立知识产权侵权惩罚性赔偿制度，加大对知识产权的保护力度。2020 年 1 月 1 日开始施行的《优化营商环境条例》也明确规定国家要"建立知识产权侵权惩罚性赔偿制度"。2020 年 5 月 11 日，中共中央、国务院《关于新时代加快完善社会主义市场经济体制的意见》提出要"加快建立知识产权侵权惩罚性赔偿制度"。

❷ 王利明. 论我国民法典中侵害知识产权惩罚性赔偿的规则［J］. 政治与法律，2019（8）.

❸ 周翔. 对技术类知识产权侵权案件如何适用惩罚性赔偿的思考［J］. 中国知识产权，2020（4）.

履行行为保全裁定继续实施相关行为；侵权人在法院或行政机关对相同行为作出判决或处罚决定后继续实施相同侵权行为；侵权人以侵权为业，不断变换公司名称或新设立公司实施侵权行为；侵权人故意攀附驰名商标声誉抢注相同、近似商标或者实施其他商标侵权行为等情形。（2）"情节严重"一般包括：侵权手段恶劣；侵权时间长、规模大、范围广；存在行为人多次侵权或经行政处罚或法院判决后再次侵权等重复侵权；行为人以侵权为业；权利人损失巨大，包括因侵权行为导致权利人知识产权价值大幅降低、权利人商誉受损等情形；侵权人侵权获利巨大；企业员工与外部人员内外勾结侵权，形成产业链式侵权等。

第三章　专利实务

【内容提要】

本章分为四节，分别从行政和司法两个不同程序中遴选涉及无效程序中的证明责任、创造性判断，以及行政与司法程序中的权利要求解释问题。第一节围绕一个专利无效案例，分析无效行政程序及认定与后续行政诉讼程序中认定的异同，结合证明责任的基本概念，探讨无效程序的基本性质、程序特点及从法律角度认识其实质。第二节结合多个案例围绕专利创造性判断，探讨分析专利创造性判断的基本步骤、"技术启示"与"公知常识"的认定，并结合不同程序的特点，分析不同环节创造性判断的特点、差异与实质。第三节、第四节分别结合案例分析在行政与司法程序中的权利要求解释问题，并围绕不同程序中的这一问题，深入探讨专利无效程序与专利民事诉讼程序的异同、任务及发展趋势，在此基础上延伸分析权利要求解释的实质以及专利无效行政程序的价值。

【教学目标】

1. 引导学生学习并掌握专利行政程序不同环节的特点、性质及实质内涵，并能够将诉讼法中的概念正确地与专利行政程序结合理解。

2. 引导学生掌握专利创造性判断的"三步法"，并对"技术启示"与"公知常识"问题进行深入思考。

3. 引导学生认识"权利要求解释"这一问题，并思考与分析这一问题的实质。

4. 引导学生学习并掌握专利无效程序与专利民事诉讼程序的基本过

程，并比较分析两程序的特点、异同、发展趋势与价值，并思考两个程序中的权利要求解释问题。

第一节　专利行政程序中的证明责任

【案例导读】

证明责任制度在民事诉讼程序中已经相对成熟，也为法律工作者熟练掌握。但是在专利行政程序中，还存在较多模糊之处。在我国专利制度所构建的程序框架中，作为授权后的无效宣告程序，基于类似民事诉讼的三方架构及程序推进过程，证明责任及相关概念在部分案件中被注意到。而在以实质审查为代表的申请人/专利代理师与审查员的单方书面互动的授权审批程序中，在特定领域及案件中，围绕相关法律适用，对于举证责任的争议也逐渐显现。但是，无论是从《专利审查指南》及其他规范性文件的相关规定来看，还是从专利行政程序及后续的行政诉讼实践来看，对于涉及专利行政程序中的事实认定、证明责任、证明标准等问题，均未能清晰认识或形成体系化概念。

本节介绍一个专利无效及后续行政诉讼案例，在这一案例出现时，关于这一案例的诸多讨论往往围绕无效程序中举证责任的分配是否合理以及如何分配展开，既没有从本质上认识证明责任，也并未结合无效程序的实质予以分析。本节在案例基础上，结合专利行政程序中的法律条款内涵，引导学生在对民事诉讼中证明责任相关概念进行回顾的基础上，结合专利行政程序中不同环节的特点以及专利授权实质要件内在逻辑，分析如何正确认识、理解与运用专利行政程序中的证明责任相关问题。

【案例介绍】

在"口服药物组合物及制备方法"无效宣告及行政诉讼案件中，涉案专利权利要求 1：

用于口服的药物组合物，该组合物由有效量的具有血管紧张素Ⅱ抑制作用的通式（Ⅰ）化合物和熔点范围为 20~90℃ 的油性化合物组成：

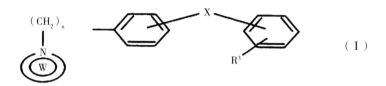

（Ⅰ）

在通式（Ⅰ）中，W 环为随意取代的含 N 杂环；R^3 是能够形成阴离子或转变为阴离子的基团；X 是苯撑基和苯基之间的直接相连的一根键或两个或两个以下原子长度的链；n 为整数 1 或 2。❶

在针对这一专利的无效宣告程序中，请求人提出的无效理由之一为，权利要求 1~16 要求保护的药物组合物仅由"通式（Ⅰ）化合物和油性化合物"组成以及其中的"熔点范围为 20~90℃ 的油性化合物"、权利要求 1~8、权利要求 11~13、权利要求 15~16 要求保护的药物组合物中的"通式（Ⅰ）化合物"，以及权利要求 1~19 要求保护的药物组合物中的油性化合物的比例在说明书中均找不到依据。由本专利说明书第 22 页第 3 段和实施例可知，只有含有确定比例的油性化合物和活性组分的药物组合物才能实现本发明的目的，权利要求 1~19 要求保护的技术方案均不能实现本发明的目的，因此权利要求 1~19 不符合《专利法》第 26 条第 4 款的规定。专利权人在相应的期限内修改了权利要求，权利要求 1 改为"用于口服的药物组合物，该组合物由有效量的化合物 2-乙氧基-1-［［2′-（1H-四唑-5-基）联苯-4-基］甲基］-1H-苯并咪唑-7-羧酸（±）-1-（环己氧羰氧）乙酯和熔点范围为 20~90℃ 的氧化烯的聚合物组成；其中该组合物为片剂形式，并且其中氧化烯的聚合物的量按每一份重量的组合物计为 0.005~0.15 份重"。针对上述修改后的权利要求，无效宣告请求人在《专利法》第 26 条第 4 款这一法律依据下坚持下述具体理由：（1）权利要求 1 和权利

---

❶　详细内容参见第 93100008.4 号专利说明书。

知识产权保护实务技能综合训练

要求2中的"熔点范围为20～90℃氧化烯的聚合物"概括范围过宽；
（2）权利要求1和权利要求2采取封闭式权利要求，即由"活性物质"与
"氧化烯的聚合物"组成，而说明书中的实施例中的组合物还包含其他物
质；（3）权利要求1中"氧化烯的聚合物的量为0.005～0.15份"，权利要
求2中"氧化烯的聚合物的量为0.01～0.1份"，而说明书中实施例的氧化
烯的聚合物的量分别是0.86（实施例1）、0.5（实施例5）、0.91（实施例
5）、0.86（实施例5）、0.86（实施例5）；（4）根据说明书第22页第3段
的描述，油性化合物与活性物质之间的配比关系是本发明要解决技术问题
所必不可少的，权利要求中没有限定。

经过审查，专利复审委员会经过综合考虑说明书的内容作出认定：
（1）本发明的目的是要用所述油性化合物来稳定活性成分坎地沙坦酯，实
施例中不仅采用了聚乙二醇作为氧化烯聚合物的实例，还在说明书中列举
了大量油性化合物，同时在实施例5中证明除氧化烯聚合物外其他类型的
油性化合物如硬脂醇、蔗糖脂肪酸酯等也能实现本发明的目的，即说明书
证明了不同类别油性化合物均能实现发明目的，同时说明书还已证明熔点
范围为20～90℃的氧化烯聚合物之一（聚乙二醇6000）能实现本发明的目
的，基于此，在没有证据证明该类物质中各物质性质差异足以导致其不能
实现本发明目的的情况下，请求人认为氧化烯聚合物概括过宽的主张不能
成立。（2）本发明的发明目的是解决坎地沙坦酯在药物组合物中的稳定性
问题，所采用的技术方案是利用氧化烯聚合物来稳定坎地沙坦酯，虽然权
利要求1、权利要求2均为以封闭式撰写的权利要求，即所述组合物仅含
坎地沙坦酯和氧化烯聚合物两种组分，而说明书中所有实施例中所述的组
合物均还含有乳糖、淀粉等物质，导致权利要求1、权利要求2的组合物与
说明书中实施例提供的组合物不对应，但是请求人并未提供证据证明仅由
两种组分组成的药物组合物不能实现发明目的，相反，说明书实施例给出
的组合物中除此以外的其他组分均为本领域常用的辅料，根据本领域的公
知常识可知，这些辅料本身通常是惰性的，对于坎地沙坦酯的活性不会产
生影响，而且本发明正是要解决乳糖等常用辅料不能使坎地沙坦酯稳定的

问题，因而它们本身通常对坎地沙坦酯的稳定没有作用，同时也没有证据表明实施例中所述的氧化烯聚合物对坎地沙坦酯的稳定作用是由氧化烯聚合物与这些辅料协同形成的，因此，本领域普通技术人员可以合理预见，去除其他辅料后，氧化烯聚合物单独也仍然能够实现稳定坎地沙坦酯的效果，请求人也并没有具体说明并提供证据证明仅由两种组分组成的药物组合物不能实现发明目的。（3）油性化合物和活性成分比例并非解决本发明技术问题必不可少的，在此基础上，本领域技术人员不会认为不限定活性成分和油性化合物比例时本发明无法实现；即使根据实施例中活性成分和聚乙二醇比例计算出来的活性成分与油性化合物的比例不在权利要求 1 和权利要求 2 所述的范围内，但是由于判断权利要求是否得到说明书支持不是限于实施例，而是应当考虑说明书的全部内容，而本专利说明书第 22 页中明确记载了仅由活性成分与油性化合物组成的组合物中"每 1 份重量组合物含该油性化合物 0.005 ~ 0.15 份重量，最好是 0.01 ~ 0.1 份重量"，因此，在没有证据表明其不能实现本发明目的的情况下，请求人的具体理由不成立。❶

在针对该决定的二审行政诉讼程序中，二审法院认为"本专利权利要求 1 请求保护一种用于口服的药物组合物，其由有效量的坎地沙坦酯和熔点范围为 20 ~ 90℃的氧化烯的聚合物组成；权利要求 3 请求保护包含坎地沙坦酯和分子量为 1000 ~ 10 000 的聚乙二醇的片剂组合物。本专利说明书记载的 6 个实施例中，实施例 5 涉及氧化烯 3 聚合物以外的其他类型的油性化合物，与本专利权利要求无关；实施例 1~4、实施例 6 仅仅用以证明聚乙二醇 6000 能够实现本发明的目的。因此，本专利权利要求覆盖的组合物的保护范围较宽，而说明书中支持该保护范围的只是其中某一种具体的物质。由于化学领域属于实验性学科，在多数情况下，化学发明能否实施往往难以预测，必须借助实验结果加以证实才能得到确认，因此其说明书中应当包括与其权利要求的技术特征的概括程度相当数目的实施例。虽然

---

❶ 具体参见专利复审委员会第 11016 号无效宣告请求审查决定。

本专利说明书列举了大量的油性化合物，但是权利要求的技术方案在说明书中存在一致性的表述，并不意味着权利要求必然得到说明书的支持，除聚乙二醇 6000 以外的熔点范围为 20~90℃的氧化烯的聚合物或者分子量为 1000~10 000的聚乙二醇能否实现本发明没有实验数据的支持。如果权利要求的概括包含专利权人推测的内容，其效果又难于预先确定和评价的，应当认为这种概括超出了说明书公开的范围，而无须专利无效宣告请求人另行举证证明。因此，专利复审委认为在没有证据证明在权利要求保护范围内的各物质性质差异足以导致其不能实现本发明的目的的情况下，永宁制药厂认为氧化烯聚合物概括过宽的主张不能成立，该认定无法律和事实依据。综上，专利复审委认定本专利符合《专利法》第二十六条第三款、第四款规定的理由不充分，主要证据不足"。❶

【思考题】

1. 在该案中，无效决定与二审判决的分歧是对于无效程序中举证责任的分配是否不同？

2. 专利无效程序中的证明责任与专利实质审查或复审审查程序中有无不同？有何种不同？

3. 如何理解专利无效程序中的证明责任与相关法律条款的关系？

【案例分析】

1. 该无效决定与二审判决分歧解析

虽然直接从文字上解读，似乎本案中二审判决和无效决定在应该由哪一方对本专利权利要求是否符合《专利法》第 26 条第 4 款做出举证行为产生了分歧，但是，结合具体案件事实分析，却并非如此。对这一案件的正确解读要从证明责任的本质出发，并结合专利无效程序的特殊性进行理解。

---

❶ 参见北京市高级人民法院（2009）高行终字第 647 号行政判决书。

（1）证明责任的概念理解。

事实查明是法律适用的前提，对已经发生的事件进行回溯，势必会出现不能查明或者由于代价过于高昂而没必要查明的情况；然而，无论是基于司法权还是行政权的机构设置，在当事人行使诉权或请求权时，裁判者或执法者就有义务对当事人的请求作出决定。基于上述因素和前提，证明责任制度也就应运而生。

证明责任也被称为举证责任，过去也被称为立证责任；通说认为，举证责任包括结果意义上的举证责任和行为意义上的举证责任两个含义。其中，客观上的举证责任是指当事实真伪不明时，应该由哪方当事人承担不利的法律后果；主观上的举证责任是指在具体案件中当事人提出证据材料的行为责任。

无论从主观、客观抑或从结果与行为哪个角度来界定，究其实质，举证责任或者证明责任这一制度无非要解决两个方面的问题：一是在诉讼程序进行中，对于需要查明的某一事实由哪方提供证据材料；二是当程序完成之后，对于裁判者而言，作出裁判所需查明的事实还处于真伪不明的状态时，如何适用法律。

就一个程序进行的客观情况而言，基于客观上必然对于已经发生的事实存在不能被查明或者彻底查明则经济上不利益的风险，又基于不能拒绝裁判的要求，那么必然需要将上述风险的预先分配在法律上予以明确。在制度上予以事先明确之后，这种风险的存在使得承担这种风险的一方必然会尽可能地搜集证据材料，而处于对抗地位的另一方当事人则会搜集相反的证据材料削弱对方证据材料的证明力，以使事实尽可能处于真伪不明的状态。从这个角度来理解，尽管在举证责任概念诞生之初只有应向法院提出证据的行为责任，但是当举证责任的双重含义被指出后，值得注意的是，在这一制度或者概念中，重要和核心的是客观意义或者说结果意义上的举证责任，这种法律上预设的风险是当事人主动搜集和提供证据材料以使其主张的事实被裁判者确信或抵消对方所主张事实的动力，即正是这种风险的存在推动了双方当事人提交证据材料以使程序进行下去。由此可见，对于举证责任这一制度或者概念而言，其并非指提供证据的行为或行为义务。

（2）证明责任与证明标准。

证明责任与证明标准互相依存。证明标准的含义为"证明目标是否已经达到的分界线"。● 有学者指出，"证明标准的存在以举证责任为基础，但如果规定证明举证责任而不规定证明标准，将难以确定证明的程度是否已经达到，证明是否还应继续"。● 关于诉讼程序的事实查明的程度，在不同国家地区、不同程序中有着不同的定义，如"占优势的盖然性""排除合理怀疑的盖然性"等。● 证明标准这一概念与民事审判方式有直接关系，正如学者所指出的，如果审判主体承担着查明事实的义务，采用"重调查，轻举证"的理念办理民事案件，审判主体具有积极探知案件事实的职权或者职责。● 尽管从客观上说，也确实会出现事实真伪不明的情况，却无法明确事实不明时当事人的结果责任，也无法明确当事人提供证据材料的行为责任。由此可见：①借助证据资料对已经发生过的事实进行回溯，势必不可能达到完全再现；②是否"确信"，本身就是一个主观的认识过程，是否"真实""确信"只能说是主观上的一种认识；③基于经济的原因，证据材料的搜集势必不能不考虑经济上的负担，将证明标准无限地追求客观上的不可质疑，经济上并不合理，这种不合理也不是用法律解决社会问题所追求的价值目标。当认识到对事实查明可达到的程度从客观真实扩展到法律真实，任何事实查明程序中均要面对客观上不可避免地出现的事实真伪不明状态是如何处理的问题，作为解决上述问题的制度，举证责任和证明标准与相应程序模式的选择不可分割理解。

（3）无效决定与二审行政判决在事实认定与法律上的分歧。

当我们理解上述概念后，可以认为结果意义上的举证责任被预设在

● 常怡. 民事诉讼法学（2002 年修订版）［M］. 北京：中国政法大学出版社，2002：209.

● 常怡. 民事诉讼法学（2002 年修订版）［M］. 北京：中国政法大学出版社，2002：209.

● 常怡. 民事诉讼法学（2002 年修订版）［M］. 北京：中国政法大学出版社，2002：209.

● 张卫平. 民事诉讼：关键词展开［M］. 北京：中国人民大学出版社，2005：278.

法律的规定之中，体现为一种风险分配方式，行为意义上的举证责任则会随着程序的进行和推演，在不同的当事人之间进行转移；这种行为意义上举证责任的转移即与证明标准紧密关联，因为举证行为本身必然从负有结果意义上的举证责任的一方当事人开始，当其提供的证据资料达到一定的能够被确信的程度后，即初步被裁判者所肯定，此时对方当事人必然出于自己的利益而需要去搜集削弱对方证据证明力的材料。在这样的理解下，可以看出在前文所述的案例中，二审判决与被诉决定的分歧实质在于：①就事实确认层面而言，对于说明书与权利要求书技术内容之间的关系就存在明显分歧，这体现在，对于说明书中的实施例与权利要求的关系上，即看起来没有落入权利要求保护范围的例子，是否有技术事实上的说明作用。权利要求保护范围是个法律问题，这属于专利法律领域的"常识"，但是这并不意味着从事实角度将专利文件作为技术文献进行阅读理解时，可以将之割裂为技术上无关联的不同模块。作为技术文献的专利说明书，具有内在的技术逻辑结构，其本身完整地描述了具有内在关联的技术内容（一个或多个技术方案、要解决的技术问题以及技术效果）。在这一案件中，无效决定中是将说明书的全部实施例综合理解该发明的技术实质，进而去理解并判断权利要求的技术方案具备何种效果。而二审判决在这一问题上做出了不同的理解。②对本领域技术人员能否确定或者确定何种技术效果的判断不同。这实质上是内心确信的标准差异。在本案中，在对涉案专利说明书所记载内容的认识上，即对于说明书中所记载的事实，站在所属领域技术人员的认识水平之上，能够达到预期何种程度的技术方案和效果，这一问题上，二审判决与无效决定出现了显著差异。

　　总的来看，之所以二审判决认为该决定中的举证责任分配有所不妥，或者说最终否认无效决定的理由中包括对于举证责任分配的否认，结合前述对于举证责任转移与程序进程的关系可以看出，分歧的实质在于，对涉案专利说明书中记载的内容和权利要求范围之间的关系能否被"推定"的证明标准上的把握差异。

2. 专利无效程序中的证明责任与专利实质审查或复审审查程序中有无不同？有何种不同？

一般来说，虽然专利行政程序非常复杂，包含诸多程序环节，但其中对于专利授权与否有实质影响的主要有三个环节：专利实质审查、复审审查和无效宣告审查程序。前文结合该案例从概念本质解析了程序模式与证明责任制度，同样理解专利程序中的证明责任问题，需要结合不同程序环节的特点进行分析。对于大多数专利行业从业者来说，专利无效程序存在双方对抗的开庭环节，往往将这一程序与民事诉讼类比理解。如前述，证明责任制度来自民事诉讼，因此，对于这一问题的思考，也从无效程序与民诉程序的比较出发。

（1）专利无效宣告程序与民事诉讼程序比较。

《专利法》第45条规定："自国务院专利行政部门公告授予专利权之日起，任何单位或者个人认为该专利权的授予不符合本法有关规定的，可以请求专利复审委员会宣告该专利权无效。"无效宣告程序是一个由行政相对人启动的由该启动人（请求人）与专利权人双方当事人参加的程序；按照目前《专利法实施细则》和《专利审查指南》的架构，双方当事人在这一程序中地位平等，专利复审委员会❶并不承担全面审查专利有效性的义务，主要针对当事人之间的争议进行审理。基于无效宣告程序中也是适用专利授权实质要件条款，就其法律适用过程来看，也必然包括按照一定的证据规则由裁判人员形成心证来确定一定事实，并在此事实的基础之上完成法律适用的过程。基于此，在一些具体的制度安排上，例如举证期限、证据的审核认定等，可以参考借鉴民事诉讼法关于民事诉讼程序的某些规定。但这也仅限于具体操作层面的借鉴，这一移植是基于法律适用过程的共通性。当考虑证明责任制度的异同时，必然需要分析程序本质上的区别：①主体不同。无效宣告请求权是一种对已经被授权专利提出质疑的权利，该权利被赋予了"任何人"；尽管专利权是一种私

---

❶ 现国家知识产权局专利复审与无效审理部。

权，但并不要求无效宣告请求人与专利权人之间有任何民事法律关系，也不在请求人与专利权人之间创设任何民事法律关系。在这个层面上，专利无效宣告程序与民事诉讼程序显著不同。在民事诉讼中，诉权这一概念必须是就某一个具体的纠纷而言的，而能够向法院提出一个具体的诉讼并参加至诉讼程序中，必须是适格的当事人，即就具体的诉讼标的而言有权进行诉讼的人。②两个程序所涉及的客体完全不同。无效宣告程序仍然针对的是一个技术方案的可专利性与专利性的审查程序，这一程序解决的问题与授权前的实质审查阶段本质上并无不同。从这一角度讲，虽然专利无效宣告程序也是一个双方当事人参加的，在表现形式上是由双方的争议推动的，但是其根本任务并不是解决双方当事人的纠纷。民事诉讼程序其目的就是解决主体之间的权利义务纠纷。虽然请求人和专利权人在无效宣告程序中各自享有程序的权利和义务，整个专利无效宣告程序的三方其地位也类似于民事诉讼的等腰三角形；但是，专利权人和请求人都只是在向专利复审委员会发表见解和观点，他们之间并无任何直接的权利义务关系；两者进入专利无效宣告程序的基础在于对已经被推定有效的专利权的质疑。

由此可见，无效案件本质上是由审查客体和审查内容来决定的一个程序，其与实体法上的请求权为基础的民事诉讼程序根本、完全不同。

（2）对于无效程序中证明责任的理解。

如前所述，法律适用的前提是事实确认，这是证明责任制度产生的基础。对于法律适用的裁判者而言，法律适用是一个将案件事实与法律规则连接的过程。上述过程就表现为，法律适用的前提需要判断事实是否成立，而这一"事实"系当事人所主张的法律规则的要件事实。当事人所主张的、希望裁判者予以适用的法律关系或者法律规则，具有特定的构成要件；不同的法律规则本身的构成要件不同。

由此可见，尽管专利无效宣告程序是依请求人的请求而启动的程序、表面上呈现双方当事人特点，其审查范围也基本约束在请求人请求的范围之内，但是不能直接认为无效宣告请求人对于其提出的主张均应承担行为和结果两个意义上的举证责任。理解无效程序中的证明责任，实际上还是必然需要结合不同实体法律条款的内在逻辑，而不是直接因双方当事人的程序表象认为证明责任相关制度与民事诉讼类似。

（3）无效程序与其他专利审查程序的内在相同反而是决定证明责任制度的关键。

专利无效宣告程序虽然在形式上表现为双方当事人参加的程序，但是本质上讲，尽管判断范围受到请求原则的约束，其仍然是一个专利审查行为，其客体是判断一项专利申请是否符合专利法所规定的各项授权条件。

由于"先申请原则"的存在，无论是在专利审查的哪个阶段，专利申请人或者专利权人其意见陈述均应以其原始申请文件所记载的内容为基础。将专利无效宣告程序的审查行为放在专利申请和审查这样一个大环境下去理解，尽管其发生在授权之后、针对的是一个已经授予的专利权，但是这一程序中的审查仍然要遵循"先申请原则"对专利权人的束缚。从"授权判断"这个角度来理解，其仍然要遵循依申请而为的行政行为的特点。专利审查程序是一个适用特定法律的程序，审查员或者专利复审委员会所需要做的是在适用特定法律条款时，查明该相应条款的要件事实。从这个角度来讲，专利审查程序中的举证责任所指向的内容在实质上与包括民事诉讼程序在内的任何法律适用程序是一致的，均指向特定条款的要件事实。

考虑到专利审查行为依申请而为的行政行为性质，并在此前提之下来认识专利法上所规定的不同授权条件的实质含义，即考虑不同法律条款具备何种要件事实，再根据相应条款的含义来确定举证责任分配。

尽管专利无效宣告程序发生在授权之后并由请求人启动，但是其本质上仍然是判断是否应该授权的审查程序，从法律适用的角度来看，与对驳回决定正确与否判断的复审程序以及实质审查程序完全类似，是一个判断授权行为是否正确的审查程序，并不会也不应该因为已经被授权，就对各个授权条件条款的要件事实和含义有所修正或改变，即并不因为已经被授权就将举证责任分配方式有所调整和变化。

正如前述，举证责任或者说行为意义上的举证责任则会随着程序的进行和推演，在不同的当事人之间进行转移；这种行为意义上举证责任的转移即与证明标准紧密关联，因为举证行为本身必然从负有结果意义上的举证责任的一方当事人开始，当其提供的证据资料达到一定的能够被确信的程度后，即初步被裁判者所肯定，此时对方当事人必然出于自己的利益而需要去搜集削弱对方证据证明力的材料。这种转移在不同的阶段，例如无效、复审或实质审查会由于参与者不同表现为是否转移或是否需要当事人不断举出证据或陈述，但是并不改变法律条款的逻辑结构。在专利无效程序中，基于有双方当事人参与，程序中各方的行为外观与专利实质审查中表象不同；且对于经过实质审查的发明专利而言，通常被认为具有较强的推定"有效"地位。专利审批的申请授权以及授权后的系列程序中，审查机关、申请人或其他当事人在不同环节中地位相对变化，作为判断对象的专利文件也处于授权前后不同的法律状态。实践中不乏观点认为，不同的程序中应该有着不同的举证责任分配模式。但是，究其实质，无效与审查程序的行为实质均在于对专利文件所界定发明实质是否达到专利法所预设之法律要件。专利授权与否的判断行为本质上永远是一个"依申请"而启动的权利效力判断程序。

3. 如何理解专利无效程序中的证明责任与相关法律条款的关系？

对于本案中涉及的"权利要求是否得到说明书的支持"条款来说，该含义在于，申请人或专利权人应该在说明书中公开充分的实施例或实施方式使得本领域技术人员能够确信权利要求中的全部技术方案都能实现发明目的并达到相应的技术效果。法律所预定的要件事实是，说明书中公开了足够的事实内容，以使所属领域技术人员预期（这种"预期"实际上是一种事实上的推定）权利要求技术方案。当上述内容并不够充分，未达到裁判者内心确信的程度，或者请求人提出了足够的说理和质疑，使得裁判者对说明书记载的事实内容与权利要求涵盖的所有技术方案之间的"足以推定"的关联关系产生了怀疑而不能达到"确信"的程度，即应该认为其不符合这一条款的规定。在这样的判断中，并不应该基于专利无效宣告程序中的请求原则的存在而使得请求人必须就该条款的理由举出证据材料；请求人也可仅仅是充分说明其理由，当然，为了削弱专利权人在说明书中记载的内容与权利要求涵盖的技术方案之间的"足以推定"的关系，请求人也有足够的动力去寻找相关的事实材料；但是否举出证据材料并非请求人的"无效理由"能否被支持的事实前提。所以，就《专利法》第26条第4款而言，其结果意义上的举证责任是被法律预设由申请人或专利权人所承担的。对于比如"公开充分""实用性"等这样的条款来说，与之类似，其举证责任分配并不应基于请求原则而由请求人承担。

对于如新颖性、创造性的法律适用而言，当适用或者援引这样的法律条款时，其事实依据为现有技术，即使用现有技术来质疑专利权并提出上述无效宣告理由的请求人，其请求或者具体理由除新颖性、创造性的法律条款作为法律依据外，必须包括事实依据、主观认识。当事实依据不能成立或者缺乏事实依据时，其应该承担事实不能查明的结果责任。这确实在客观上体现了"主张者举证"的举证责任分配方式。但是，这种举证责任分配方式并不是由于专利无效宣告程序依请求人请求启动所导致的，而是基于这样的推定：当不存在或不能找到能够评价某一技术方案新颖性、创造性的现有技术时，就应该认为没有质疑该技术方案新颖性、创造性的理由而推定其符合这两个条款的规定。当然，需要指出的是，这一推定成立的另一潜在前提在于，不能要求专利申请人或专利权人对消极事实举证。比如，在实质审查阶段，审查员在得出无新颖性或创造性的结论时，也对其事实主张承担着举证责任，检索现有技术文献的过程即寻找证据材料的过程，当经过检索没有找到能够评价新颖性、创造性的现有技术时，即没有找到相应条款下要件事实的依据，即不能做出否定的评价。这一举证责任的分配模式，与民事诉讼中"消极事实无法举证"所体现出来的逻辑是一致的，即不能要求专利申请人或专利权人就"没有现有技术可以破坏本人发明的新颖性和创造性"这一命题举证。

第二节　专利创造性判断

【案例导读】

专利制度缘起于对于技术保护、致力于追求技术进步。对"技术内容"赋以强垄断权以获取巨大的竞争优势,这与自由竞争的理念必然构成矛盾而其合理性受到天然抵制。由此"贡献论"成为现代专利制度合理性的基石。从这个角度来说,"一定的发明高度"则是专利授权中最关键的判断,因为不仅关乎个案的合理性,也关乎制度的合理性。

但是基于现实与法律的原因,被制度"实现的可能性"裹挟下的专利理念,演变为现代专利制度下,基于"纸面"的"文字比较"。但是,需要重视的是,沦陷于文字中的技术实质确系法律适用中不能偏离的制度本来面目。更值得从宏观角度思考的是,专利制度的发展变化与对技术的需求、对技术进步的追求互相交织;基于已有技术基础而构建或演变而成的、本身与技术规则密不可分的法律规则,尤其在进入信息时代后,在面临新类型技术乃至颠覆性技术时,旧有的法律适用之思维逻辑,未免不会成为一种"窠臼"。基于对于专利制度认识中"政策论"逐渐成为相对主流理解方式的这一现实;放在宏观的视野下,不仅对于法律制度的适用需要考虑政策及社会效果;作为调整技术关系的专利制度法律适用乃至规则变化也必然应考虑基于不同产业、技术的技术政策。专利法直接以技术为判断对象;当技术变化,或者随着技术变化,专利法制度所面临的调整问题更加直接。不仅是因为技术迭代较快,而且因为技术本身的发展变化总会导致技术事实和技术推理的逻辑变化,这恰恰因为已经与专利法律规则密切结合在一起,导致与事实密不可分的法律规则不断需要面临新的事实以及基于新事实之上的重新归纳。技术事实、法律发展以及不同社会经济发展阶段对于知识产权的制度需求,都导致专利创造性的判断不断变化和发展,亦愈加疑难。

在专利授权、确权的行政程序以及后续的诉讼程序中,专利创造性判断是双方争论最多也是争议最多的问题。在创造性判断中，如何确定现有技术文献中是否存在技术启示或相反技术教导，是决定现有技术之间能否结合的核心问题。

本节主要介绍两个专利创造性案例并引出其他案例，在案例基础上，引导学生专利学习和理解专利创造性判断中的主要步骤和技术启示认定的相关问题。

【案例介绍】

案例 1

本案例涉及名称为"发光装置及显示装置"的发明专利❶。针对该专利，亿光电子（中国）有限公司和北京都城亿光贸易有限公司分别于 2016 年向专利复审委员会提出无效请求，其理由包括《专利法》第 22 条第 3 款等多条无效宣告请求理由，但这些理由均未得到合议组支持，决定维持专利权有效。此后，两个无效宣告请求人于 2018 年对该决定提起行政诉讼，但其起诉理由未被一审法院支持，当事人未上诉。❷

涉案专利的技术内容主要涉及可以发出白光系列光的半导体发光二极管（Light Emitting Diode，LED）的制造。涉案专利使用氮化物系化合物（典型的如 GaN）基的蓝光 LED 作为光源，激发 Ce 掺杂的钇铝石榴石（YAG：Ce）荧光体发出黄色或更高波长的光，通过蓝光与黄色系列光的混合，得到白色系列的光。由于 YAG：Ce 荧光体具有良好的稳定性，可以长期处于强度较高的 LED 蓝光附近而不劣化；并且由于该荧光体具有耐高温、耐潮湿的特点，具有较好的环境耐受性，能够稳定地（荧光体不易劣化、耐候性好）发出白色光。

相对于最接近的现有技术，本专利实际解决的技术问题为：现有的由

---

❶ 第 ZL97196762.8 号发明专利，专利权人为日亚化学株式会社。

❷ 参见第 4W104537 号无效案件，第（2018）京 73 行初 247 号行政判决书；本案系 2019 年度复审和无效审理部的十大案例。

混色发出白色光的 GaN 基发光二极管发光装置中存在荧光体劣化以及耐候性差的问题。这一技术问题在本专利以及在最接近的现有技术中均有明确表述。

无效程序审理过程中，各方当事人争议的焦点在于：本领域技术人员在本专利的申请日/优先权日（以下统称"申请日"）之前，是否有动机将现有技术中已有的 YAG：Ce 荧光体应用到新近发明的 GaN 蓝光 LED 中，从而实现白色发光。

请求人为了证明这一结合对本领域技术人员而言显而易见，主要提交了两组现有技术的证据：一组证据为以 GaN 蓝光 LED 为基础，激发有机荧光染料发光后通过混色发出白光；另一组证据为 YAG：Ce 荧光体在受到非蓝光 LED 光源，例如高压或低压汞灯、荧光白炽灯、阴极射线、离子激光等光源激发后，可以发出黄色系的光。请求人认为，本领域技术人员有动机将两组证据结合起来，得到本专利的技术方案。专利权人则认为，现有技术中的确已经存在大量的荧光发光材料，但是鉴于 GaN 蓝光 LED 发出的光强很强（约为 $100kW/m^2$）、温度较高（大于 100℃），本领域技术人员并不能确定现有的荧光材料，包括 YAG：Ce 荧光体是否能与 GaN 蓝光 LED 相配合实现稳定的发光。

根据现有技术资料可知这项技术的发展变化情况，蓝光 LED 大约是在 1993 年年底，即本专利申请日两年多以前被发现的；YAG 荧光体是 20 世纪 60 年代末发现的理化性质较为稳定的荧光材料。因此，本案判断的关键在于，本领域技术人员能否有动机将二者结合实现性能稳定的（荧光体不易劣化、耐候性好）白色光源。表面上这一判断似乎简单，仅仅是一个结合与否的判断与决定，似乎仅仅是一个法律上的简单决策。

但是，合议组认定：业内一直致力于获取性能稳定的白光光源，如果二者的结合对本领域技术人员而言是显而易见的，那么为什么在蓝光 LED 被发现后的两年多时间里没有人提出"蓝光 LED+YAG：Ce 荧光体"这一方案呢？对于本领域技术人员来说，这种结合所带来的效果是否预先难以想到？

基于这一专利所涉及的技术事实，合议组认为，本案创造性判断的核心问题之一在于确定本领域技术人员的水平，即至本专利申请日时，本领域对于使用 GaN 蓝光 LED 作为光源发射白光的技术发展脉络及研究情况。在本案中，从证据材料看：一方面，请求人提交了两组证据。其中第一组包括三份证据，分别作为最接近的现有技术。该三份最接近的现有技术都是本专利权人在先的专利申请，其将蓝光 LED 与有机荧光体相配合发出白色光。上述证据明确指出，在芯片外围被暴露于比阳光还强的放射强度的光线中时，荧光体的劣化成为问题。该三份最接近的现有技术为了解决荧光体劣化的问题，采用了例如使荧光体远离蓝光 LED 的技术手段，在一定程度上缓解了劣化的发生。这些证据代表了本领域技术人员在当时解决荧光体劣化这一问题的一种选择，体现了本领域技术人员的认知水平。另一方面，请求人提交的第二组证据公开了使用各种非蓝光 LED 作为光源，激发 YAG：Ce 荧光体发出白色光的技术方案。这些光源发出光的光强和/或温度，都远低于蓝光 LED 的光强和/或温度。也就是说，本领域技术人员知道，在非蓝光 LED 作为光源的环境中，YAG：Ce 荧光体具有较好的稳定性；同时也反映出，在如 GaN 蓝光 LED 发出的光强很强（约为 $100\mathrm{kW/m^2}$）、温度较高（大于 100℃）的环境中，YAG：Ce 荧光体的稳定性如何，本领域技术人员是不知道的。

此外，从事实发现的手段来看，为了进一步从技术事实层面最大化客观确定本领域技术人员的水平，合议组参考了从 GaN 蓝光 LED 发现以后（1993 年年底）至本案优先权日（1996 年 7 月）之前的现有技术状况；并通过技术专家库向业内多位专家咨询了相关技术问题；并在口头审理过程中对双方当事人的专家证人进行了详细询问并组织了交叉询问。

基于此，合议组认为本领域技术人员不能预料到 YAG：Ce 荧光体在 GaN 蓝光 LED 的特殊发光环境中是否依然可以不发生劣化，更不能确定使用"蓝光 LED+YAG：Ce 荧光体"的技术方案就能解决上述技术问题。也就是说，本领域技术人员从现有技术中并不能得到启示，将 YAG：Ce 荧光体替代现有技术中的其他荧光体，使之与 GaN 蓝光 LED 相配合实现稳定的白色发光。

案例 2

本案例涉及第 ZL 01242571.0 号、名称为"前轮定位装置"的实用新型专利。争议涉及的权利要求内容为"一种前轮定位装置，装设于婴儿车之前脚管末端，其特征在于，包括：一垂直转轴，下端与前轮之轮轴结合，上端与该前脚管末端枢接并保持同轴转动的连接状态；及一控制前轮是否能够转向的卡掣机构，设置于前述垂直转轴上端与该前脚管末端之间。其特征在于，该卡掣机构包括：一固定销；及一控制该固定销之升降或移动的升降机构。该升降机构为一对转盘，该对转盘之间则有一旋斜面，该转盘之一端与该固定销连接"（见图 3-1）。

针对上述权利要求，无效请求人提出两份证据，分别是：证据 1，专利号为 ZL 93247576.0 的中国实用新型专利说明书复印件（共 13 页），其授权公告日为 1994 年 10 月 5 日；证据 2，哈尔滨工业大学出版社出版发行的哈尔滨工业大学机械类高等工程专科系列教材《机械设计》的封面页、出版信息页、正文第 40~45 页。

请求人认为：证据 1 公开了一种"婴儿车前轮座"，从其说明书第 4 页结合附图 4（见图 3-2）可知，对比文件 1 中装设于婴儿车的前叉套块 1 相当于本专利权利要求 1 中的前脚管末端，垂直固定杆 4 相当于本专利权利要求 1 的一垂直转轴，该垂直固定杆 4 下端通过轮座枢接体 2 与前轮的轮轴结合，上端与前叉套块 1 枢接并保持同轴转动的连接状态，对比文件 1 公开了控制前轮转动与否的卡掣定位机构，该卡掣定位机构由嵌滑闩 5 与轮座枢接体 2 上端面的嵌槽 22 和弹簧 55 以及卡掣块 15 构成，从附图 4 和图 8 可知，卡掣机构位于垂直固定杆 4 的顶端和前叉套块 1 的最下端之间；证据 2 可以证明在机械技术领域采用螺旋升降面升降物体是公知常识，因此，在证据 1 和证据 2 的基础上，本领域普通技术人员以螺旋升降机构替换嵌滑闩 5 是显而易见的，上述权利要求缺乏创造性。

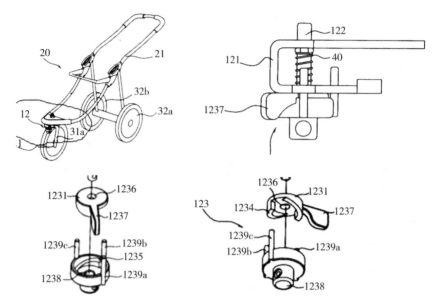

图 3-1　涉案专利附图

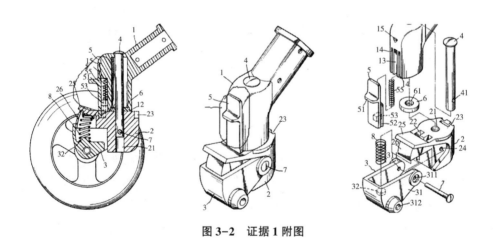

图 3-2　证据 1 附图

　　证据 2 作为一本教科书，其中也确实有螺旋面升降物体的内容。从创造性判断的三步法来看，似乎证据 1 和证据 2 能够"拼凑"出涉案权利要求。

　　但是，就这一案件，合议组认为：证据 1 公开的卡掣机构是通过手工提升或下降嵌滑闩5使其在嵌滑槽内上下移动实现其对前轮转向与否的控制的，本专利权利要求4请求保护的技术方案是通过螺旋面的旋转来升降固定销，从而实现对前轮转向与否的控制。二者是用完全不同的技术手段实现前轮转向与否的控制。相对于对比文件1，本专利权利要求4所要解决的技术问题是克服滑动嵌滑闩所带来的费力、不稳定的缺点，证据2公开的螺旋传动方式是机械领域公知的一种传动方式，但该对比文件并没有给出将这种传动方式具体应用于婴儿车前轮定位装置这一技术领域的任何启示，所有的发明创造都是将公知的机械原理、机械机构、机械传动等知识应用于具体的技术领域，从而得到解决具体技术问题的技术方案的，在不存在上述启示的前提下，本领域的技术人员不经过创造性劳动不可能在证据1的基础上结合证据2得到权利要求要求保护的技术方案。

关于这一创造性判断结论，在其后的行政诉讼一审中，有不同的看法；但是在行政诉讼二审中，合议组的认定得到了生效判决的支持。❶

【思考题】

1. 专利创造性判断的基本步骤是什么？

2. 专利创造性判断中的"技术启示"应该如何考量？

3. 专利创造性判断中的"公知常识"应该如何把握？

4. 不同程序阶段中创造性判断的差异是什么？

【案例分析】

1. 专利创造性判断的基本步骤

"三步法"判断标准是通常采取的一般性判断方法，其本质是为了判断一项权利要求的技术方案相对于现有技术的技术方案是否"显而易见"，是为审查员或法官判断一项权利要求是否"显而易见"服务的，因此，

---

❶ （2009）一中行初字第78号行政判决书、（2010）高行终字第1102号行政判决书。

"三步法"判断标准是判断一项权利要求是否具备创造性的最重要方法。❶

在具体判断中，应首先从将涉案专利与现有技术文献比较过程中，固定文字含义，进而确定区别技术特征。

其次，在正确认定发明相对于最接近的现有技术的区别技术特征的基础上，应当以涉案专利说明书为依据，根据该区别技术特征在权利要求保护的技术方案中所实现的作用、功能、技术效果，来确定其实际解决的技术问题。❷ 作为"三步法"中的第二步，"确定发明的区别特征和发明实际解决的技术问题"的设立意义在于：以区别特征固定发明的创新之处。"贡献论"在具体案件创造性判断中，就是通过区别特征引入是否解决了"新的技术问题"的判断。发明所实际解决的技术问题是是否完成了对"现有技术有贡献"这一理论问题的现实落脚。❸ 根据现行成文规则的规定，实际解决的技术问题的确定与发明的技术效果是密不可分的，在"确定实际解决的技术问题"时要围绕技术效果展开，并注重整体和技术特征之间的关联性。

最后，基于确定的实际技术问题，结合证据完成是否具备"技术启示"的判断，进而得出是否具备创造性的结论。

以上即是现代专利制度体系下主要专利制度国家所通行的创造性判断"三步法"。

结合上述案例，从创造性法律适用度来说，相对于技术特征比对步骤，

---

❶ 虽然不是唯一方法，但是最常规、最重要的方法。参见（2018）最高法行再33号行政判决书。

❷ 我国《专利审查指南》第二部分第四章第3.2.1.1节规定：在审查中应当客观分析并确定发明实际解决的技术问题。为此，首先应当分析要求保护的发明与最接近的现有技术相比有哪些区别特征，然后根据该区别特征所能达到的技术效果确定发明实际解决的技术问题。从这个意义上说，发明实际解决的技术问题，是指为获得更好的技术效果而需对最接近的现有技术进行改进的技术任务。

❸ 我国《专利审查指南》第二部分第四章第3.2.1.1节规定：重新确定的技术问题可能要依据每项发明的具体情况而定。作为一个原则，发明的任何技术效果都可以作为重新确定技术问题的基础，只要本领域的技术人员从该申请说明中所记载的内容能够得知该技术效果即可。

确定实际解决的技术问题以及技术启示有无的判断，无论是从个案实践还是规则构建上均争议较大。

一般来说，在多数案件中，或会认为技术启示仅仅是对于对比文件披露内容、技术信息的客观确认，或基于本领域技术人员对于对比文件的阅读，与本专利文字记载技术进行主观比较，得出法律上的逻辑分析结论。

但是，基于前述对于创造性比对实质的分析，可以看出，创造性判断须以"技术贡献"为基石，在这其中，技术实质之间的比较尤为重要，而不能仅仅用法律逻辑分析代替技术事实的准确判断、技术事实的查明、认识与分析推理。

在具体案件中，单从对比文件的客观记载出发，进行文字上的简单推演，以及法律逻辑上的片面推论，或许会得出技术启示是存在的。但从前述案件可知，对于技术启示判断，应该是一个充分还原技术事实发展变化的过程。在这其中，对于外部事实调查工具的准确运用，充分地从技术事实角度对把握技术发展的脉络进行厘清，并清晰剥离了发明的技术本质。

从案例所体现的法律适用过程来看，技术启示的判断需要在准确确定发明实际解决技术问题的基础上进行，不存在没有技术问题的技术启示；同时，基于技术实质优位的专利制度核心，技术启示的确定中不应忽略基于本领域技术人员对技术事实的逻辑推理，这也是前述案件中所体现的以整个现有技术作为基础，在厘清相关技术的发展脉络之后，准确确定本领域技术人员的水平，为准确、客观地判断技术启示奠定基础。避免仅仅因为现有技术已经公开相关技术内容，就认为存在改进的动机，进而陷入"事后诸葛亮"式的判断误区。

2. 考量专利创造性判断中的"技术启示"

根据《专利审查指南》的规定，在判断是否存在技术启示的过程中，"要确定的是现有技术整体上是否存在某种技术启示，即现有技术中是否给出将上述区别特征应用到该最接近的现有技术以解决其存在的技术问题（即发明实际解决的技术问题）的启示"，即裁判者需要基于发明实际解决的技术问题来判断是否存在技术启示；而实际解决的技术问题的确定，又与区别特征所能达到的技术效果直接相关。因此，虽然技术启示的判断是"三步法"中的最后一步，但它是在前两步的基础上进行的，"三步法"的三个步骤是统一的整体，判断技术启示时，不能脱离现有技术的整体和实际解决的技术问题。此外，技术启示的确定，也应当是站位本领域技术人员，以权利要求实际解决的技术问题为依据，确定现有技术是否给出了改进的动机来解决上述技术问题。

结合上述案例，可以进行如下思考：

（1）应整体考虑现有技术是否给出了技术启示。在认定权利要求是否具备创造性时，应考虑现有技术是否整体上给出了技术启示，使得本领域技术人员在面对权利要求实际解决的技术问题时，有动机将最接近的现有技术与本领域的公知常识或其他现有技术相结合，以改进该最接近的现有技术，相应解决该权利要求实际解决的技术问题，获得权利要求请求保护的技术方案。

（2）现有技术存在缺陷与"相反技术教导"。"相反技术教导"通常是相对于技术启示而言的。在考虑一项现有技术是否存在相反的技术教导时，应当立足于本领域技术人员的知识水平和认知能力，从该现有技术的整体上进行分析和判断。对于作为现有技术的专利文件，其背景技术中记载的技术缺陷本质上是该专利的申请人在撰写专利申请文件的一种主观认知，并不代表本领域技术人员必然存在此种客观认知，也不意味着本领域技术人员会受限于与技术缺陷有关的内容，不能从该现有技术得到相应的技术启示。即使记载了技术缺陷，还需要进一步考虑该技术缺陷是否与区别技术特征实际解决的技术问题以及技术启示的认定有关。

（3）应综合考虑现有的优点和缺陷，基于实际解决的技术问题整体确定是否存在"相反技术教导"。人类社会之所以能够不断发展和进步，重要原因之一在于延续不断的科技创新，持之以恒地对科学技术进行研究和改进。任何一项技术都必然同时具备优点和缺陷。本领域技术人员在面对同时具备优点和缺陷的现有技术，寻找技术启示时，会基于所要实际解决的技术问题，综合考虑各有关因素来进行相应的分析、取舍和判断，从现有技术的整体确定是否存在相应的技术启示或相反技术教导。

在创造性判断中，如何确定现有技术文献中是否存在"相反技术教导"或者技术启示，是决定现有技术之间能否结合的核心问题。但是，目前《专利审查指南》仅仅规定现有技术中技术启示的判断规则，对于"相反技术教导"如何判断，则没有明确规定，导致实务中有关相反技术教导的认定存在诸多争议。

不可否认，技术创新往往是在现有技术的基础上进行改进而获得，技术也是在不断地改进中不断发展进步，这是不争的事实。任何一项技术有其优点的同时，往往也伴随着缺陷。对于一份特定的现有技术而言，其背景技术记载的缺陷是该现有技术的发明人的主观认知，不代表实际生活中，其他发明人的认知一定会受限于与该现有技术所记载或体现的缺陷有关的内容，在面对同时具备优点和缺陷的现有技术，寻找技术启示时，会基于所要实际解决的技术问题，从现有技术整体上确定是否存在相应的技术启示或相反技术教导。

3. 把握专利创造性判断中的"公知常识"

（1）"公知常识"的认定、分歧现状与实质。

一直以来，对于"公知常识"的举证以及认定，是从专利实质审查、复审审查，到无效宣告程序，以至于后续行政诉讼程序中的一类重要问题。且由于程序特点，导致在相关事实内容的认定上，不断将事实的说明义务进行转移和分配。

例如，在"棒线管材直条加工收料装置"的实用新型无效及行政诉讼纠纷❶中，无效决定认为涉案专利权利要求与现有技术证据存在两个区别技术特征，但是这些区别是"对于本领域技术人员是显而易见的……也未给本专利带来预料不到的技术效果；……对于本领域技术人员来说……是常规选择……"。但是一审法院认为对此作出了相反认定。在其后的上诉中，二审判决认为"……建科公司及专利复审委员会在二审诉讼中也未能

---

❶ 21370 号无效宣告请求审查决定，（2014）一中行（知）初字第 7960 号行政判决，（2017）京行终 250 号行政判决。

就上述区别技术特征属于本领域公知常识进行举证或者予以充分说明，不足以使本院确信其为本领域的公知常识。"

从实质角度来分析，"公知常识"可类比为在民事诉讼中，无须借助证据就能确信的事实；在民事诉讼中，基于生活经验即可确认之事实往往因为广泛知晓而争议不大；但是在专利案件中，由于虚拟了距离日常生活较远的"本领域技术人员"；同时，从对这一主观标准的定义方式又如此复杂，将其应知的事实范围扩展到几乎无限，并将其认知能力进行边界模糊的限定❶，此外，考虑到这一主观标准还需要在创造性的法律适用中占据重要地位，且作为该主观标准认知范围内的"公知常识"更是创造性判断中的典型情形之一，这都使得这一主观标准在不同审级之间，不得不必然产生分歧。

（2）"公知常识"关联于"本领域技术人员"这一主观标准。

专利案件中，从事实认定开始，就需要以一定的"主观"标准进行代入。❷ 各国均拟制抽象主体以最大程度确立相对一致的个案标准，主要有"本领域技术人员""本领域普通技术人员"两种表述；❸ 在我国在行政审查阶段一般被称为"本领域技术人员"或"所属领域技术人员"，而在司

---

❶ 这里是指，对于本领域技术人员免证的可以直接认定的公知常识进行了有限限定，但是这种限定是非常模糊的。

❷ 例如，对于一篇技术文献，需要判断其公开的信息量大小，此时就存在主观标准高低的界定问题。

❸ 例如，《日本专利法》第 29 条 "发明技术领域的普通技能者"，参见：十二国专利法［M］.《十二国专利法》翻译组，译. 北京：清华大学出版社，2013：236.《日本专利审查指南》英文版中在关于充分公开部分使用 "a person ordinarily skilled in the art"（参见《日本专利审查指南》第 Ⅱ 部分第 1 章第 1 节），在创造性部分也使用 "a person skilled in the art"（参见《日本专利审查指南》第 Ⅲ 部分第 2 章第 2 节）。例如，《欧洲专利公约》第 83 条规定原文为 "a personskilled in the art"（http://documents. epo. org/projects/babylon/eponet. nsf/0/00E0CD7FD461C0D5C1257C060050C376/ $ File/EPC_ 15th_ edition_ 2013. pdf）。欧洲专利审查指南中。美国专利法 103 条和 112 分别使用 "a person having ordinary skill in the art" "any person skilled in the art"。

法程序中往往表述为"本领域普通技术人员"。❶

这一标准，在各国专利制度中，在法律适用部分并未做特殊区分，例如，是否有技术启示这一典型的法律问题解决也是基于"本领域技术人员"这一高度之上。

"本领域技术人员"这一拟制标准，我国《专利审查指南》在进行相关定义时并未再区分不同法律条款，例如并未就公开充分条款专门定义；而是在创造性条款下统一予以规定，❷ 但是对于普通技术知识的范围和概念并无规定；与之密切相关的规定包括"应当指出，凡是所属技术领域的技术人员不能从现有技术中直接、唯一确定地得出的有关内容，均应当在说明书中描述"❸。从上述规定表述来看，我国对这一主观判断标准的拟制是从判断主体应具有的知识水平和认知能力，即应知和能知两个层次进行指引。我国《专利审查指南》中并未根据不同的条款区分本领域技术人员的能力，反而在定义后指出"设定这一概念的目的，在于统一审查标准，尽量避免审查员主观因素的影响"。

实际上与我国的定义角度类似，《欧洲专利局审查指南》❹《日本专利审查指南》也均从类似的方式对专利法体系中的主观标准予以确定。美国专利法体系中并无对"本领域普通技术人员"这一拟制标准的严格限定式

---

❶ 《专利审查指南 2010》第二部分第四章第 2.4 节规定：本领域技术人员应知申请日前或优先权日前所属技术领域的所有普通技术知识，能够获知该领域的所有现有技术，并且具有应用该日期之前的常规实验手段的能力；其不具备创造能力；如果要解决的技术问题能够促使本领域技术人员在其他技术领域寻找技术手段，他也应具有从该其他技术领域获知该申请日或优先权日之前的相关现有技术、普通技术知识和常规实验手段的能力。

❷ 《专利审查指南 2010》第二部分第四章第 2.4 节，《审查指南》2006 年修订、2001 年修订的版本中规定相同。

❸ 《专利审查指南 2010》第二部分第二章第 2.1.2 节，《审查指南》2006 年修订、2001 年修订的版本中规定相同。

❹ 在公开充分条款下将本领域技术人员应知范围为申请日前本领域的所有普通技术知识，知晓申请文件本身以及其引证文件的教导，具备本领域的常规试验的手段和能力。其中普通技术知识为：包括基础手册、专著和教科书中公开的技术信息；在技术领域比较新，教科书还不能提供相关技术知识时，专利文献和科技出版物也可以构成普通技术知识。

定义，而是在不同的案例中归纳不同的考虑因素；在创造性条款下，美国法院更是不断发展调整本领域普通技术人员这一标准，通常考量例如发明人的教育程度、技术的复杂性、本领域现役工人的教育水平❶等因素。美国专利审查中认为，所属技术领域技术人员是个假设的人，要随不同技术领域、不同案件而逐案确定，一般要考虑以下因素：①发明者的教育水平；②该项技术所要解决问题的类型；③以前对该类型问题在现有技术中是如何解决的；④在该项技术中创新的速度有多快；⑤技术复杂性程度如何；⑥该领域普通技术人员的学历，如高中生，还是本科生，或者研究生。❷

　　实际上从上述或限定式定义或经验式定义的方式可以看出，对于这一主观标准，在现在专利制度国家的法律体系中，基本在以下方面是趋同的：①认可这是一个虚拟的判断标准，但是并不区分事实认定过程或者法律适用过程；②从客观应知的范围限定其应该具备的知识范围；③尽量将主观部分试图客观化，从相关现实中，尽量予以现实的经验参照，例如美国指出的参照教育水平经验等，多国专利审查指南中提及可能是一个团队等。

　　而现实案件中的争议与分歧，实质上是当将一般法律中的证明、证明标准与认知这样的概念移植类比到专利案件中来，本领域技术人员作为一种拟制的主观认识标准，其假定的知识水平过于远离日常生活经验，乃至学习经验，❸ 达到了无法真实模拟的水平。

　　在现实既定规则和实践做法中，由于虚拟与现实的巨大差异，这一主观标准被分成多个部分：首先，对于其可以知晓现有技术水平和状况，在不同的行政程序中赋予其发现事实的工具或者用举证的方式交由当事人解决，这种处理模式类似于一般诉讼中的事实证明和查明的过程；其次，对

---

❶ ［美］罗杰·谢科特，约翰·托马斯. 专利法原理［M］. 余仲儒，组织编译. 北京：知识产权出版社，2016：139-140.

❷ ［美］贾尼丝·M. 弥勒（Janice M. Mueller）. 专利法概论［M］. 北京：中信出版社，2003：148.

❸ 基于专利案件所涉技术的永远领先特质，以及所涉技术的广泛门类，任何教育都无法完成将符合专利技术领域的特定现有技术知识灌输给学生并完成"本领域技术人员的培养"，况且学科教育总是基于成熟的知识体系之上，而专利技术总是在开拓新的领域。

于其本身应必然知晓的、类似于对这一标准"众所周知"的基本技术事实，法律规则将其划为"认知"的范围；最后，对于其"理解能力""分析能力"则应是一种基本技能，法律规则也认为这是"应当具备"的能力，实际上类似于"认知"的范畴。

（3）"公知常识""本领域技术人员"具体实现的进路。

成文法的规则中固然可以尽可能以定义的形式丰富或者精细化"本领域技术人员"这一虚拟标准。但是，既然立法者确认并承认这是一虚拟标准，就必然存在在实际案件中如何实现这一类问题；这种实现包括两个方面：一是在个案中如果使得具体的判断者接近法律拟制的理想状态；二是在大量案件中，不同的裁判者或者审查员在具体工作中如何对这一标准保持客观化的类似水平，这不仅是同一机关、同一审级的问题，也是在不同审级、不同机关中理想状态下应趋同但是现实中实实在在面临的无法解决的问题。

例如，在第 ZL01106788.8 号"平滑型金属屏蔽复合带的制作方法"发明专利侵权纠纷案中，尽管最终判决的结论差异看似落足于如何解释权利要求的法律标准❶上，但是从判决内容分析，形成这一逻辑的基础仍在于，如何理解技术方案，而技术方案或者技术特征的是否"清晰"、是否"实质上有了变化"依然是相对于某一程度的主观标准而言的，依赖于对该技术方案的主观认识标准——"所属领域技术人员"的认知能力。❷

再如，在（2015）京知行初字第 1396 复审行政诉讼案件中，看似判决结论的形成落足于行政诉讼法框架下举证责任的分配上，但是，对于某个技术内容是否已经到了属于"应知"而可以进行认知的范畴，这本质上，依然是本领域技术人员的能力水平问题，恰如普通民事案件中，人量事实

---

❶　最高人民法院民事判决书（2012）民提字第 3 号，（2009）陕民再字第 35 号民事判决，（2008）陕民三终字第 18 号民事判决，（2006）西民四初字第 53 号民事判决。

❷　原因在于：首先，文字表达的技术方案"清晰"与否是一个相对概念，其取决于阅读者对阅读对象及相关领域的知识掌握程度；其次，对于是否"实质上修改"这样的程度判断也因阅读者的相关知识水平而定。

因为对于普通人的经验显而易见属于相对或绝对免证，而专利案件中某一技术事实是否属于必须要举证的范畴，还是可以予以认知，这显然是由具体判断人员对预设的、虚拟的主观标准的厘定问题。

实际上，从实践中来看，对于主观标准的差异，专利领域主观标准所呈现的实质差异不外来源于三类：一是，如同其他法律领域一样，适法者个体与群体之间的个性与共性；法律适用毕竟是经验科学，放在宏观的视角下看，虽然尽量趋同化的教育背景和尽量专业化的分工，能够尽量使得裁判群体有着相关一致的制度理解，但是具体到个案中的现实适法者个人来说，要受制于个人的生活经验和技术经验，不仅会在不同的人之间不能整齐划一，甚至在同一人的不同时期都会有所变化；二是，不同的适法机关，在同样问题的认识上，基于不同的整体偏好，会有不同的认定方式；三是，不同的程序中，基于程序的特点形成不同侧重的价值取向，导致不同的程序在解决这一主观标准的现实实现问题上，有了不同的解决方式，在个案中就会形成差异化解决路径。

任何一个发现事实的程序都是一个复杂的过程，必然涉及若干事实和信息的分析及推理，当事人不可能提供逻辑分析的所有事实，因为一个经过逻辑分析确认事实的思维过程涉及大量事实和信息的运用，包括裁决者所拥有的全部知识。无论是用何种概念和标准去定义"主观认识水平"时，均不得不承认语言和定义的穷尽与匮乏。应"知"和能"知"的"事实"是无法界定且不断变化的，以至于无法从中抽取出任何共性，更何况专利案件所涉的事实往往属于前沿的技术范畴。

基于技术判断之疑难性，在专利案件中实在的判断主体及案件事实必然与理想状态中拟制的抽象标准存在相当距离，原因在于：①专业技术知识或者技术判断经验是一种专门化的知识内容，需要经过专业训练才能获得，无论是传统法律教育或是日常生活之经验积累都不可能完成这样的任务。②对于技术的心理隔膜或对于远离日常生活的复杂领域专利技术存在的心理畏惧，并且要考虑到日常生活中形成的一些主观印象可能存在一定的技术误解，这会对技术判断造成负面干扰。③由于专利案件所涉技术之广，且往往涉及新兴技术，判断主体的知识更新程度远远落后于专利内容之广泛性和技术发展之速度。

如前述和其他大量案例中所体现出来的那样，行政和司法程序中解决这一问题基本路径差异较大；在专利行政程序中，主要是采用精确按技术领域分配案件的规则，尽量使处理案件的审查员对于案件所涉及的技术事实有精准的理解，并且由于学历背景而对案件判断中所需要的在技术事实上的逻辑推理能力更为贴合，从这两个方面使得对案件的判断标准更接近"本领域技术人员"。而在专利司法程序中，主要是借助外在工具或特定程序设置，做技术上的判断，主要形式包括法庭邀请专家证人、当事人申请专家证人出庭，三方或双方专家证人质证，以及创设技术调查官制度等。❶同时，亦大量借助证明责任制度，此外，在专利侵权案件中还往往借助鉴定/专家证人等手段。

虽然行政程序与司法程序的基本设置目的、所面临的现实状况以及程序或机构存在的基本价值有着本质差异，但是从实践案例来看，或可从实质上进行如下反思与借鉴：①考虑法律适用的基本逻辑步骤，精细化区分事实问题与法律问题；如前所述，虽然专利制度一直且不断凸显其技术复杂性，但是毕竟作为法律制度，还需要遵从法律适用的基本逻辑。将事实认定问题与法律适用的逻辑推理尽量剥离，不仅能够减少实质上的分歧，也能更好地抽离法律问题。②事实认定尽量客观化，增加法律适用结果的可预期性；将复杂技术的事实认定尽量予以客观化，也可消除法律适用的不确定性，减少个案差异性。③程序或外在工具之借鉴；值得注意的是，从鉴定到专家证人，到"法庭之友""专家辅助人"，再到近年来的技术调查官制度、集中管辖的程序设计，乃至于技术背景法官、专业化审判制度的建设，在复杂事实认定上，除不断强化外在工具外，司法机关也一直在借鉴行政机关的做法。从实质上说，之于法律问题之解决与分析，事实认定问题本身属于法律制度中工具化的制度。固然专利制度中两者难以完全

---

❶ 宋健. 专家证人制度在知识产权诉讼中的运用实践及其完善 [J]. 知识产权，2013（4）.

区分，但是在有关案件中，允许相关外部工具进行事实陈述与说明，也是行政机关可借鉴之路径。

4. 不同程序阶段中创造性判断的差异

虽然创造性判断的具体规则在不同程序中并无不同；但是，基于不同的程序基本任务不同，所以程序的偏好与价值取向不同，正如前所述，从专利申请到侵权，中间的诸多环节不仅外部关联，而且应该考虑的是内在逻辑上的衔接与协调。从这个角度来看，也有必要从不同程序目的、任务与特点来考虑创造性判断。

（1）实质审查程序的目的在于明晰技术贡献的边界。

实质审查或复审程序中，社会公众处于"缺失"的状态。这时，就要求专利局适当为社会公众"代言"，审查员应当对权利要求中涉及社会公众利益的部分提出合理质疑，将超出申请人创造性贡献的部分从权利要求的保护范围中剔除才能实现平衡。

在审查的过程中，审查的对象是未授权的专利申请，面对的是申请人要求保护的技术内容，其审视的是权利要求与说明书及现有技术之间的关系，目的是给申请人授予合理的专利权，需要通过创造性审查引导申请人明确、限缩保护范围，有利于实施检索并指出权利要求中超出申请人创造性贡献的部分，这是授权程序中进行创造性判断所采取的必要措施。授权过程是一个与申请人交流的过程，申请人有修改和陈述意见的机会，可以缩小保护范围来去除超出申请人创造性贡献的部分，或者对审查员不合理的质疑提出反对意见，在这一互动博弈中得到一个尽可能最大合理化的授权范围。

（2）无效程序：未改明晰技术贡献之实质。

无效程序面对的是已经授权公告的权利，其任务是基于无效宣告请求人提出的理由和证据审查专利授权是否有效，其审视的内容为权利要求与说明书及现有技术之间的关系。

一种观点认为，按现有法律法规的规定，专利权人在确权程序中修改权利要求受到很大限制。虽然《专利审查指南修改》准许了更大的修改权限，但仍不能与授权程序中的修改方式相提并论，不能将说明书中的技术特征补入权利要求中，这就客观上致使在授权程序中能够克服的缺陷在无效程序中无法克服。在这种情况下，如果对权利要求做出过于宽泛的理解，会导致某些因撰写瑕疵等原因造成的失误无法得到弥补，客观上的结果或许造成有对微小失误施以过重惩罚，一定程度上悖于专利制度鼓励发明创造的宗旨。

另一种观点则认为，申请人有撰写和修改申请文件的自由，亦应该有避免撰写缺陷的注意义务。授权程序中专利审查机构无法也不可能保证授权完全无误。如允许权利要求中存在撰写瑕疵，会让因授权程序中的偏差而遗留的问题继续存在，从而给其他程序，尤其是侵权程序带来不必要负担。这种做法会让申请人怠于重视提高文件撰写质量。

从实质角度理解，在无效程序中允许专利权人有一定程度的修改机会，这就使得其可通过修改明确发明实质及合理的保护范围，放弃其并未做出实质性贡献的技术方案；不仅如此，专利权人还可以通过解释的方式，进一步明确权利要求中某些术语或技术特征的含义，进而使得权利要求的保护范围更清晰，并且通过无效决定文书的形式得以固定。这就使得专利权的保护范围更加明确，专利权的公示作用与效果得以强化。

（3）审查、确权程序对侵权确定的影响：在动态中不断边界清晰化。

对于文字描述的技术内容而言，正如前述所分析的，基于种种原因，模糊化是语言文字之常态；需要不断清晰化是界定专利保护范围必须面对的任务。

在我国专利制度的微观实现过程中，侵权判定程序中面对的是假定有效的专利权，审视的是被诉侵权方案与权利要求之间的关系。正如前所述，文字并非表达技术的最佳路径，而是基于现实的不得已选择；专利权时刻处于动态变化之中，并无理由认为，在历次审查、无效乃至行政诉讼中，专利权人通过不断地与现有技术比对中，文字抑或口头说明其法律地位，就弱于或低于原始申请文件中的表述。从上述反复多次的无效与行政诉讼案件中可以看出，恰恰是不断的比对，使得相关技术特征的含义与边界不断清晰化。

（4）不同程序中的理解方式均不应偏离技术实质。

在不同的程序中，倾向于不同的侧重点去理解权利要求，进而引导专利权人对保护范围做出更加清晰明确的划界，实际上有着相同的目的，即促进专利权与申请人创造性贡献相当。任何情况下都应围绕技术实质，而不是脱离技术实质变成纯粹的"文字解读"，理解发明目的、所要解决的技术问题等信息，能够对权利要求做出理性的分析。那些包含在权利要求的字面含义中，但不能解决技术问题的方案，以本领域技术人员的认知能力分辨出不属于申请人创造性贡献的部分。

第三节　行政程序中的权利要求解释

【案例导读】

专利文件是以文字表述技术内容，基于语言文字本身之多义与模糊性，再加上文字并非表述技术的最佳方式，导致权利要求解释问题一直是专利实践中的难点。不仅实践个案中确定专利权保护范围的"解释"问题成为难点与重点，而且在相关研究中，围绕"权利要求解释"这一概念，也有多种不同的定义。有观点认为，权利要求的解释仅存在于侵权诉讼中，而在其他程序或者行政授权确权程序中，不存在权利要求的解释；因为行政授权确权程序的任务是对专利的创造性等授权条件进行判断。由此可见，围绕权利要求解释这一问题无论是在理论概念还是实践案件中，均值得从实质去思考与探讨。此外，还值得反思与讨论的是行政授权确权程序的任务与价值。

本节介绍一个专利无效及后续行政诉讼案例。从案件结论上看，在不同程序中有着不同的结果；从案件的论证过程看，在不同程序有着不同的论证逻辑。从案件本身所体现出来的权利要求的理解与创造性判断的论证过程与结果，均值得分析；更值得深入思考的是，不同程序的任务以及其在宏观制度框架中的定位，从这一角度对程序价值予以认识，进而分析不同的程序中何种论证逻辑更能与其他程序洽合，符合专利制度的整体价值。

【案例介绍】

该专利无效案件涉及第 ZL200420073412.X 号实用新型专利，名称为"一种对旋转轮体加热的装置"。涉案专利权利要求 1 限定"1. 一种对旋转轮体加热的装置，其特征在于：在铁质的旋转轮体（5）内腔放置加热线包（9）；在旋转轮体内腔放置的加热线包（9）为：线圈骨架（2）固定于固定轴座（1）上，导磁体（4）按轮体（5）的轴向在线圈骨架（2）的圆柱面（10）上均布，线圈绕组（3）缠绕在导磁体（4）表面，导磁体（4）、线圈绕组（3）、线圈骨架（2）封装为一体"。该专利说明书中相关记载为"14 个铁氧体 4 按轮体 5 的轴向 A 方向在线圈骨架 2 的圆柱面 10 上均布"（见图 3-3）。❶

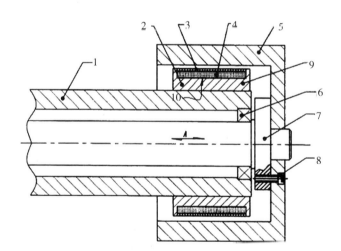

图 3-3　第 ZL200420073412.X 号专利说明书附图

---

❶　参见第 ZL200420073412.X 号实用新型专利说明书。

针对这一专利，无效宣告请求人提出多个无效请求理由和多份证据。❶

关于权利要求和说明书的关系，无效请求人认为，涉案专利权利要求1技术特征"导磁体（4）按轮体（5）的轴向在线圈骨架（2）的圆柱面（10）上均布"，结合涉案说明书附图来看，可以看到铁氧体以平行轴向方向设置，该种设置方式应称为："按照轮体的径向方向设置"，权利要求1的表述与说明书中提到的设置方式相悖，权利要求1没有得到说明书的支持。专利权人则认为，"径向设置"是指向圆柱的圆心排列，"轴向设置"是指与中心轴平行排列设置；本专利的铁氧体是以平行轴向的方式设置，属于轴向分布，因此权利要求1限定的导磁体布置方式与说明书一致。

在与现有技术的比较中，作为现有技术的 US5362945 号专利文献（证据1）公开了一种用于加热行进纤维的导丝辊，其上设置有导磁管（见图3-4）。

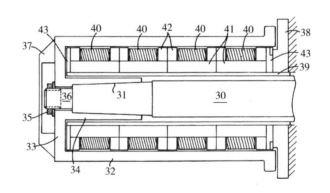

图3-4 US5362945 号专利说明书附图

该文献具体公开了：一种用于加热行进纤维的导丝辊，该导丝辊由一悬挂的轴 30 旋转驱动，圆筒形的导丝辊壳体 32 通过位于其内部的毂 34 连接在轴 30 上，所述导丝辊壳体 32 的内部圆周和毂 34 的外部圆周之间形成一环形空间，一与所述轴 30 同心的冷却管 39 连接一固定的支座 38，且突入上述环形空间。所述冷却管 39 上设置有四个具有独立线圈绕组 40 的区

---

❶ 除创造性外，还包括公开充分、支持等理由，均指向对于权利要求中技术特征的理解与界定问题。

域，每个区域都包括导磁管 41、磁极 42 和线圈绕组 40，两个环形磁极 42 固定连接至每个导磁管 41 的端部，线圈绕组 40 均匀设置在两个磁极 42 之间。

作为证据 2 的现有技术文献 US3652817 号专利在说明书中公开了一种电加热辊装置，包括使用固定在壳体 3 中的轴承 2 旋转的轴 1，辊 4 固定在轴 1 上，且具有一沿着所述轴延伸的裙部 5，可磁化的芯 6 封闭在所述裙部 5 中，导磁体 6 具有藏有电气线圈 8 的圆周形的凹槽 7，所述导磁体 6 固定安装在套筒 9 上，套筒 9 通过螺栓 10 固定在壳体 3 上（见图 3-5）。

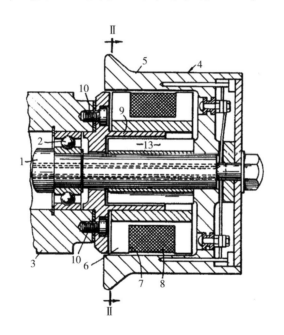

图 3-5　US3652817 号专利说明书附图

证据 4（《国外金属热处理》第 23 卷第 4 期）刊载的"感应加热与导磁体的发展"文献，文中对感应加热淬火的原理和发展现状以及导磁体的作用、性能与发展进行了介绍，文章中记载"该导磁体……可根据工件不同的形状特点，以圆柱体、矩形、板块、长条等不同规格供应"。

在关于涉案专利权利要求 1 相对于现有技术是否具备创造性的争议中，

焦点集中在涉案专利权利要求 1 中的文字"导磁体（4）按轮体（5）的轴向在线圈骨架（2）的圆柱面（10）上均布"如何理解，以及是否被现有技术文献披露。

在专利无效的行政程序中，合议组认为涉案权利要求 1 中的表述"导磁体（4）按轮体（5）的轴向在线圈骨架（2）的圆柱面（10）上均布"表达了两层含义：其一导磁体 4 的布置方向平行于轮体 5 的轴向；其二导磁体 4 在线圈骨架 2 的圆柱面 10 上均匀分布。说明书中的相应描述为"14 个铁氧体 4 按轮体 5 的轴向 A 方向在线圈骨架 2 的圆柱面 10 上均布"，说明书附图中也显示导磁体与轮体 5 的轴向 A 方向平行。可见，权利要求 1 中限定的导磁体的布置方式与说明书中文字记载以及说明书附图中显示的方式一致。请求人所称的"径向方向设置"是一种指向轮体轴心的布置方式，与轮体的轴向 A 相垂直，明显不同于说明书中公开的布置方式。所以，请求人的理由不能成立。

就与现有技术的比较而言，合议组认为："证据 1 中的导磁管 41 和证据 2 中的导磁体 6 都是整体的环形件。"而涉案专利中的"导磁体（4）按轮体（5）的轴向在线圈骨架（2）的圆柱面（10）上均布"这一文字所描述技术特征的含义应结合说明书内容和权利要求 1 中的其他技术特征进行理解。涉案专利说明书文字部分记载了"14 个铁氧体 4 按轮体 5 的轴向 A 方向在线圈骨架 2 的圆柱面 10 上均布"可知说明书公开的技术方案中铁氧体是多个均布的离散部件；正是由于铁氧体的这种离散结构，本专利进一步采用线圈骨架对铁氧体进行支撑，通过将线圈绕组缠绕在铁氧体表面，进而对铁氧体进行定位，权利要求 1 中的对应特征为"线圈绕组（3）缠绕在导磁体（4）表面，导磁体（4）、线圈绕组（3）、线圈骨架（2）封装为一体"。由此可见上述技术特征所表述的结构限于说明书公开的情形，而不包括证据 1、证据 2 的情形。因此，合议组认定，"证据 1 和证据 2 均未公开权利要求 1 中的'导磁体（4）按轮体（5）的轴向在线圈骨架（2）的圆柱面（10）上均布'的技术特征，该技术特征使权利要求 1 的技术方案具有结构简单、便于加工的有益效果，并且该技术特征也不明显属于本领域的公知常识，本领域技术人员即便将证据 1 和证据 2 的技术内容相结合也不能显而易见地得到权利要求 1 的技术方案。因此，权利要求 1 相对于证据 1 和证据 2 的结合具有实质性特点和进步，因而具备创造性，符合专利法第 22 条第 3 款的规定"（见图 3-6）。

就证据 4 来说，合议组认定该文献"对导磁体的发展状况进行了介绍，并不涉及具体的应用实例，尽管提及了长条状导磁体，但证据 4 并没有进一步给出采用多个长条状导磁体且在圆柱面上均布的技术启示，并且请求人也没有提供其他证据证明导磁体在圆柱面上均布的方式为本领域公知常识，因此本领域技术人员即便在证据 1、证据 2 的基础上进一步结合证据 4 也不能显而易见地得到权利要求 1 的技术方案"。

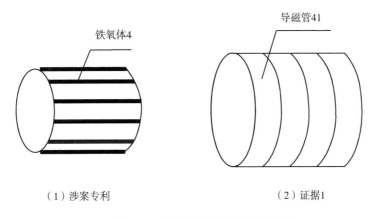

（1）涉案专利　　　　　（2）证据 1

图 3-6　涉案专利与证据 1 对比图

其后，无效宣告请求人就这一决定提出行政诉讼。行政一审判决❶中认为，"证据 1 中的导磁管 41 明显是 4 个相互独立的个体"，在此基础上进一步认为"本专利和证据 1 的工作原理都是一致的，即都是根据电磁感应原理，利用高频电流形成对旋转轮体中的工件进行加热。证据 1 公开了 4 个独立的线圈绕组 40，其中导磁管 41 均匀设置在冷却管 39 的表面上。从证据 1 的附图中可以看出，其中的 4 个导磁管 41 首尾相连，客观上也形成

---

❶ 北京市第一中级人民法院（2012）一中知行初字第 2283 号行政判决书。

了一个与其冷却管的轴向方向相互平行的导磁体"。而涉案专利说明书并未对"在线圈骨架的圆柱面上均布"做出相应的限定。其中"14 个铁氧体 4 按照轮体的轴向 A 方向在线圈骨架 2 的圆柱面上 10 均布"仅是一个具体实施例。

进而，就与现有技术的对比来说，一审法院认为："无论其中的铁氧体 4 是与其轮体 5 的轴向方向平行而呈现纵向均匀分布在轮体的圆周上，或者是证据 1 中的 4 个导磁管 41 以首尾相连的形式而呈现上下横向均匀分布在其冷却管 39 的圆周上，本专利中铁氧体 4 和证据 1 中导磁管 41 所设置的方式实际上都是一种在主旋转轮体圆周表面上对导磁体所实施的均匀分布""上述导磁体的方向与轮体的轴向均呈平行关系，其差异仅在于分布的方向不同"。

就创造性的判断而言，一审判决中认为，即使将涉案专利具体实施例中的方式理解入权利要求中，进而导致均布的方式存在不同，那么"本专利和证据 1 中的工作原理都是一致的，其通过在旋转的轮体上设置电磁感应线圈对旋转轮体的物体进行加热的工作方式也是一样的，本领域技术人员在看到证据 1 中导磁管 41 的上下排列方式的技术方案后，也很容易想到将其中的导磁体设置成均匀的纵向排列在旋转轮体的圆周上的排列方式，这种排列方式的变化并未给本专利带来相对于证据 1 的预料不到的技术效果"。即"证据 1 即使未公开本专利权利要求 1 中'导磁体按轮体的轴向在线圈骨架的圆柱面上均布'、即导磁体呈纵向均匀分布在圆周上的技术特征，但已经给出了应用上述技术方案的充分技术启示"。同时，从技术原理角度来说，"本专利和证据 1、2 均属于电磁加热装置，其工作原理没有任何实质性差别"。

基于上述分析，一审判决认为专利复审委员会第 18200 号决定中关于证据 1、证据 2 的结合不能显而易见地得到涉案专利权利要求 1 技术方案的认定错误。

其后，专利复审委员会提出上诉认为，证据 1 中每一个导磁管 41 在圆周方向上都是一个整体的环形件，与涉案专利中导磁体在圆周方向上离散的结构不同；涉案专利中铁氧体 4 的形状与证据 1 中导磁管 41 的形状不同、布置方式不同，证据 2 中的导磁体 6 也是环装件；证据 4 中的导磁体分布方式也是一种与证据 1 类似的并排布置方式。上述证据都不能给出技术启示，因此，涉案专利具备创造性。

二审中本案的争议焦点在于创造性问题中的技术特征解释与比对。就这一争议焦点，二审判决认为：仅从文字表述来看，技术特征"导磁体（4）按轮体（5）的轴向在线圈骨架（2）的圆柱面（10）上均布"既可以包括本专利说明书所述情形，也可以包括证据 1 所述情形。但是，首先，涉案专利权利要求 1 是专利权人将说明书实施例中的技术特征"14 个铁氧体 4 按轮体 5 的轴向 A 方向在线圈骨架 2 的圆柱面 10 上均布"写进权利要求书中而形成了修改后的权利要求 1。因此，在理解涉案专利权利要求 1 时，要考察实施例中这段文字表述究竟是什么含义，要结合该实施例的附图来进行理解……本领域技术人员能够合理地认识到导磁体 4 与线圈圆柱体的轴向是平行的，而不可能是前述第二种情形那样，导磁体是环形件，在线圈圆柱体的轴向上相互平行。其次，专利权人在表述说明书中实施例附图的技术方案时，就使用了"导磁体（4）按轮体（5）的轴向在线圈骨架（2）的圆柱面（10）上均布"，表明其并无故意模糊地表述权利要求以获得较大保护范围的意图。即使对实施例的文字表述确实不准确，但结合说明书来看，相应技术特征对本领域技术人员来说还是清楚的，不会产生误解。在这种情况下，如果专利权人确实有技术贡献，应当对其撰写上的瑕疵予以适度宽容。[1]　二审判决中还认为在权利要求解释时应当考虑：一方面，基于专利文件之公示性，对权利要求的解释规则应当激励专利申请人尽量明确地表述其专利权保护范围，避免因为模糊的表述而导致保护范围不清楚。如果专利申请人在撰写权利要求时，使用模糊的文字表述相关技术特征，导致保护范围不清楚，或者导致保护范围过大，应当承担由此产生的不利后果。另一方面，权利要求书中的文字表述有歧义时，解释权

---

[1]　北京市高级人民法院（2013）高行终字第 732 号行政判决书。

利要求书以确定专利权保护范围时，应当站在本领域技术人员的角度，结合对说明书和附图，甚至结合专利权的修改情况，尽量全面地考虑权利要求书中相关文字表述的真正含义。对于确实有技术贡献的发明创造，要尽量避免因为明显的撰写瑕疵而否定其效力。

【思考题】

1. 在这一案件中，行政确权（无效）程序中所体现的过程是权利要求的解释吗？

2. 权利要求的解释实质是什么？

3. 无效程序与专利民事诉讼的关系是什么？现状、趋势和发展会如何？无效程序的价值是什么？

【案例分析】

1. 在这一案件中，行政确权（无效）程序中所体现的过程是权利要求的解释吗？

（1）"权利要求解释"的地位与重要性。

"权利要求解释"是专利领域一个非常重要且热门的词汇；在多种场景下，不同主体均频繁使用；实际上，从对概念的认识而言，在不同语境下，使用这一术语所描述的对象并不相同。但是，能够确定的是，"权利要求解释"是专利制度的核心问题。

首先，从个案实践角度来说，从专利的申请、审查授权到保护都是围绕专利权利要求进行的，个案中权利要求解释直接确定了特定专利（或技术）的价值。

其次，由个案中所归纳总结并类型化的权利要求解释规则，影响着利润在连续发明或关联发明之间的分配。上述规则的运用程度，则影响了相关创新主体对于技术保护策略选择❶、市场化的时机❷，以及选择何种技术表达形式通过专利文件进行信息披露。由此所确定的相关解释方法中所体现出的对创新技术或创新思想的保护政策❸，直接影响着对于技术内容的表达质量以及表达形式的选择；此外，还在一定程度上间接影响着研发资源配置、技术信息披露程度与分享机制。当确立权利要求中的某一解释规则直接导致对某一类型发明在授权或者侵权判定中的地位变化，则会直接影响相关发明主体对此类技术发明申请专利的表达策略、时机，以至于可能间接影响对此类技术保护路径和保护方式。

　　总之，权利要求解释规则及政策，且从其中所确定的解释规则更会影响到从专利申请撰写起始的所有环节乃至相关产业策略调整。在专利法中没有比权利要求解释更重要的了。它其实是在每一个专利侵权案件中都会出现的问题。专利权利要求解释决定企业兴衰。"专利权利要求的范围是推动实用技术进步的发动机。"❹

　　（2）"权利要求解释"的概念分析。

　　综合来看，关于"权利要求解释"这一概念，我国的定义大致有几类：①权利要求解释特指权利要求的文字范围较为模糊或存在多种解释的时候，裁判者根据情况选择说明书中的内容"限制"权利要求的含义；❺按照此类观点，我国《专利法》第59条❻"发明或者实用新型专利权的保护范围以其权利要求的内容为准，说明书及附图可以用于解释权利要求的内容"的适用前提是当说明书记载与权利要求文字的一般含义不一致时，

---

　　❶　在多大化程度上公开其创新实质。

　　❷　例如，专利公开充分的判断尺度或者判断标准，实质上间接影响或者制约着创新主体申请专利以及技术市场化的步骤及时机等考量。

　　❸　例如，我国对于组合物权利要求解释规则的发展变化。

　　❹　闫文军.专利权的保护范围：权利要求解释和等同原则适用［M］.北京：法律出版社，2007.

　　❺　张鹏.论权利要求保护范围解释的原则、时机和方法［J］.专利法研究，2009.

　　❻　在2008年《专利法》修改之前，该条款为第56条；在2008年修改《专利法》中，该条款的内容没有变化，但是条文顺序变为第59条。

使用说明书记载的内容修正❶权利要求的过程。②权利要求解释是法院确定权利要求真实含义的过程。❷ 这类观点认为，权利要求的作用在于界定要求保护的发明创造的范围，权利要求解释即为侵权判断的比对过程。运用各种侵权判断规则，如字面侵权、等同原则以及禁止反悔等方式来确定是否侵权的过程就是权利要求解释的过程。③权利要求解释仅指对权利要求记载的字义进行确定，而使用侵权判断规则进行侵权判断的过程是确定专利权保护范围的过程；❸ 专利权保护范围与权利要求的文义表述是两个范畴，专利权的边界是权利要求文义加政策调整因素后得到的范围。此外，还有一类观点认为，在专利申请、审查、授权、无效、侵权判断的所有过程中，不同主体无时无刻不在对权利要求进行解释，❹ 即这类观点认为权利要求解释是从对权利要求文字解读、理解开始到确定其含义、进而完成特定程序任务❺的整个过程。

（3）本案中是否属于"权利要求解释"。

或有观点认为只有在专利民事案件的侵权判定中才会存在"权利要求解释"；而在专利行政审查、确权程序中，判断对象是专利是否符合授权的要件，尤其是关于"三性"的规定；而只有在侵权判定中才存在将权利要求与实物进行比对的过程，此时才存在对于文字的含义进行解释。

但是，结合实践，以上述案例为例，实际上"确定及固定专利权利要

---

❶ 这种"修正"包括缩小概念范围、术语特殊含义澄清、术语特殊定义等。

❷ 闫文军. 专利权的保护范围：权利要求解释和等同原则适用 [M]. 北京：法律出版社，2007：1-42.

❸ 陈文煊. 专利权的边界——权利要求的文义解释与保护范围的政策调整 [M]. 北京：知识产权出版社，2014.

❹ Phillips v. AWH: The Amicus Briefs. http：//patentlaw. typepad. com/patent/2004/09/philips_. html. 转引自：杨志敏. 美国法院对专利权利要求的语义解释 [J]. 专利法研究，2009. 其他也有类似国内有关文献在分析权利要求解释时并未严谨对"权利要求解释"予以定义，但是结合文献中使用该词语的语境，可以看出，对该术语的定义包括对权利要求的理解、解读等全部逻辑思维过程。

❺ 例如，在专利审查程序中，就是完成权利要求与现有技术的比对任务；在民事诉讼程序中，就是完成权利要求与待比对产品的比对任务。

求（或其中的某个术语）的含义"这一过程并非民事侵权案件中所独有，而是在将特定专利的权利要求与特定对象进行比较❶时，尤其由于文字描述技术的局限性导致无法避免的歧义时，所必经的逻辑过程。

而多数关于"权利要求解释"是否存在于某个阶段或存在于哪些阶段，或者仅在特定情况下才会发生"解释"；这些争论实际上是在离开具体案例的情况下，对这一术语在定义上的分歧。

2. 权利要求的解释实质是什么？

在专利制度发展过程中，乃至于现实实践中，不乏对专利案件中过于依赖文字解读的批判，"专利的自我描述范围完全是一种文字游戏"❷，针对"纸面专利"❸的批判声也不绝于耳。然而，专利制度发展的历史告诉我们，随着科学技术的发展，试图完成专利制度"激励模型"的基本逻辑时，历史与现实不得不选择用呈现于纸面上的文字所描述作为保护对象的技术方案。这就导致在微观层面，个案实践的各环节中，都是脱离发明人的具体实物，而关注专利文件中所记载的文字；这就导致整体行为外观仅仅体现为关注文字的表达与解读。

在这样的过程中，不可避免的逻辑环节是对文字的歧义进行确定，从逻辑实质考察，原因不外乎：

第一，文字本身即模糊且充满歧义；进而，文字表达并非常规或最佳的技术表达方式，❹用文字去描述技术内容，必然无法清晰且无歧义；而

---

❶　在行政审查、确权中，是将特定专利的权利要求与现有技术的内容进行比较；在侵权判定中是将特定权利要求与被诉侵权的一方/产品进行比较。

❷　［美］克里斯蒂娜·博翰楠，郝伯特·霍温坎普. 创造无羁限：促进创新中的自由与竞争［M］兰磊，译 北京：法律出版社，2016：79.

❸　"一项'纸面专利'……没有实际上实施过……仍然可以获得通过……在'专利蟑螂'的伪装下我们还会再次遭遇这些'纸面专利权人'……"。参见：［美］丹·L. 伯克，马克·A. 莱姆利. 专利危机与应对之道［M］. 马宁，余俊，译. 北京：中国政法大学出版社，2013：11-13. 在现代专利制度之下，一项技术发明并不需要真正实施，只要形成合乎规范的文件、文件所表达之内容符合相关规定即可获得通过。

❹　恰是因为文字不够精准，所以相对于图纸、公式等，其非技术内容的首选表达方式。

且，随着科技发展的加速，只会越来越复杂。

第二，专利制度日益复杂且精细，导致专利文件体系也相应复杂化，以至于形成复杂的专利文件撰写与解读规则；这些都导致文字表达的复杂性和难度。

第三，正是由于专利制度脱离技术但又保护技术，其强垄断性带来的巨大竞争优势及利益，出于对专利保护范围的预期，考虑到技术更迭发明人或申请人并不希望专利的保护范围指向局限的某个具体技术内容，而是期望能够保护体现某一"总的发明创意/想法"下的所有具体方式，包括研发时尚未出现但其后可能会出现的方式。这就导致专利文件在形成时，就不可避免地将文字上位化、概括化甚至模糊化，以尽可能保护某种"更抽象的思想"的强烈动机。

多数场合用图 3-7（圆圈）来表达权利要求在确定专利权保护范围中的作用，尽管这样具象化的展现方式在感性认知上有强大优势，但是其仅仅体现了专利权利要求的"划界"这一作用，实际上并不能体现从文字所体现的技术方案（权利要求）在不同阶段确定具体含义的逻辑思维过程。

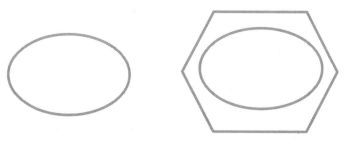

图 3-7

实际上，通过上述案例可以看出，脱离上述"比较"这一背景，在仅阅读专利文件的环节中，从文字阅读的角度来说并不存在一个对权利要求予以"圈定地域"的思维步骤；离开"对比"，单纯看特定专利文件，仅是一个理解的过程。在现实的案件中，以文字确定专利保护范围从来都是一个将文字分解为不同的"技术特征"之后，再"点对点"逐一比对过程；而并非预先划定"区域"。结合上述案例的逻辑过程，可以看出，权利要求解释与确定专利保护范围一样，实际上只有在与特定对象"比较"这一过程中，才使得确定文字表达的技术特征的含义能够具象化，进而得出是或否的比较结论。这一过程体现在专利审查、确权过程中为涉案专利文字与现有技术之间的比较，在侵权判定中则体现为将权利要求与被诉侵权方案比对。当然，前者多数体现为文献之间文字比对方式，相对直接；而后者多数为文字与实物比对，此过程往往更能显出解读文字表述的难度。

3. 无效程序与专利民事诉讼的关系是什么？现状、趋势和发展会如何？无效程序的价值是什么？

专利民事诉讼与无效行政程序如图3-8所示。

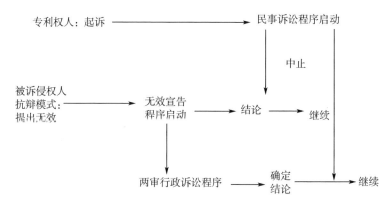

图 3-8　专利民事诉讼与无效行政程序示意图

（1）无效程序存在的合理性。

无效程序作为行政审查与确权制度体系中的一个重要环节，一方面因涉及个案中的相关结论，另一方面还影响类型化案件的授权标准，所以备受业界关注。此外，按照我国现行制度框架，行政机关无效宣告程序后还有两审行政诉讼程序，才能完成对权利效力确认；这就使得专利侵权纠纷处理过程相对于普通民事纠纷而言，显得颇为冗长。相应地，在关于我国专利制度的研究中，程序上的冗长吸引了实践或理论研究者的大量关注，二元体制下的纠纷解决机制之构建，自2001年以来一直是研究热点。

从法学研究角度来看，上述程序架构的特殊之处在于在民事诉讼中将权利效力确认及边界划定强行置于司法程序之外，另行设置行政确权程序。

当然，对于只经过初步审查的实用新型和外观设计而言，似乎行政确权程序的意义在于对专利进行审查；然而对于已经经过实质审查的发明专利而言，无效程序，乃至多次无效程序，又有什么意义呢？

对于上述问题，可以结合专利法、行政法理论与实践进行如下思考：

首先，确权或反复确权程序存在的客观必要性。由于专利权是用文字表述的技术内容，按照专利法的设计，这样的技术内容需要与现有技术进行比较以确定是否具备足够的"发明高度"以达到授权的标准；然而受制于各种客观条件，对现有技术的检索是无法穷尽的，所以权利的推定有效性是现代专利制度在社会运行中的常态。基于检索行为的无法穷尽性，以及专利审查程序中的局限性等原因，专利权有效只能是一种推定状态。也正是基于此，专利权只能处于效力推定有效和不断变动的状态；当然，在实体内容上，无效审查与实质审查并无太大不同，所以，可以认为经历的实质审查/无效次数越多则权利稳定性越强。❶

其次，目前阶段对专利权的确权程序归属于统一的行政机关的现实必要性。①从纯理论层面推演，基于对分权原则的基本认识，以及立法机关授予行政机关自由裁量权就是基于后者专业、技术能力能够胜任等因素；所以，一般来说，法院对行政裁量的审查一般集中在裁量过程有无偏差，如有无追求不正当目的、相关考虑有无问题、手段与目的之间是否失去了比例，这些审查都是为了"控制航向"，使得行政机关低于裁量权的行使不偏离立法授权目的，而非越俎代庖，更不是对于行政机关的决定是否"足够优劣"进行评价，这是分权主义要求法院必须遵守干预的界限，否则，司法与行政的分权就无意义。❷ ②技术事实与法律高度杂糅造成过度"专业化"的法律适用现状，需要统一的标准，离散的体系无法更好地满足现实需求。对于专利制度而言，是以技术为判断对象之法律规范，法律

---

❶ 虽然检索不可穷尽，但是检索次数可以基本反映检索的程度。

❷ 余凌云. 行政法案例分析和研究方法 [M]. 北京：中国人民大学出版社，2008：222-223.

概念中吸收了技术语言，往往使得本应属于法律适用范畴之内容，披上了"专门性问题"之外衣。尽管这些技术语言已经不同于事实概念，但是这些法律规则中的术语或概念乃至规则结构上，例如"本领域技术人员"，再如"技术效果""技术功能""技术问题""技术启示"，与现实中技术人员的技术语言虽并不完全一致但十分类似。虽然这些术语本身系法律规则赋予其法律含义的法律语言，有着其特定含义，❶ 已并非技术领域或技术事实领域的事实推理、判断或分析。但是，这些法律判断中又与属于事实范畴的技术推理无法清晰剥离。所谓"技术性与法律性高度统一"，事实与法律问题密不可分或难于区分是适法者对于专利制度的基本认识。究其实质，原因在于法律判断的对象是技术本身，技术事实与法律要件事实高度拟合。也正是基于这一原因，我国的知识产权案件审判体制也一直走在尽力专业化的路径上。

（2）从与民事诉讼的关系看无效程序的价值。

一般来说，对专利行政程序与司法程序的传统认识来说，仅仅在于认为无效程序对专利权的效力确定上，仅仅重视无效案件的结论，这种对结论的重视也体现在早期民事诉讼程序往往等待两审行政诉讼的结论这一做法上。随着现实需求，逐渐在民事诉讼中形成"先行裁驳、另行起诉"方式。

然而，从上述案例中可以看出，行政程序与司法程序之间的连接点绝不止于关于专利权的"效力"这一结论上。

如前述案例所展现的过程那样，正是因为专利文件，尤其是权利要求系文字表述的技术内容，其文字的含义在不断的"比较"过程中，才能不断清晰。所以，无效程序更重要的价值在于，从比较中对于专利保护范围的不断清晰化，而不是仅产生有效或无效的结论。

---

❶ 例如，在判断"技术启示"时，不仅是从技术设计角度的考虑技术方案的变化、组合的设计思路，更是要考虑在特定领域的政策调整；再如对于"本领域技术人员"这一拟制标准的掌握，不仅要考虑实际的技术人员水平，更要考虑作为政策调节器的制度功能。

第四节　侵权程序中的技术特征比对与权利要求解释：专利保护范围的约束

【案例导读】

从严格采用权利要求来界定专利保护范围的历史选择开始，在个案中确定专利权保护范围，就因文字的有限性或撰写人表达水平的参差而日趋复杂专业，"在法庭上，发明术语使用的混乱常常成为影响司法公正的主要障碍"❶。站在专利制度运转与最终实现的角度来看，申请、审查授权到保护都围绕专利权利要求进行。侵权判定的司法实践中通过权利要求解释为专利权划定的保护范围不仅为相关行业群体关注，而且从其中所确定的司法解释规则更会影响到从专利申请撰写起始的所有环节乃至相关产业策略调整。因为专利争端更容易涉及的是产品差异性问题，由判例法所确定的保护范围是影响专利权价值的重要因素。❷

一方面，文字的局限性加之技术运用、发展过程中的不可预测性，导致尽管经过授权规则审查的权利要求也不可能达到完全精准，在文字与实物比对中往往需要裁判者予以解释。另一方面，随着科学发展带来的技术领域不断拓展或细化、交织，由此导致事实认定日趋复杂，技术的边界不断模糊。此外，专利申请人在专利文件中寻求保护范围时，往往尽可能将发明的具体技术上位化、概括化、构思化，以尽可能获取较大的甚至是带有技术发展预测性的保护范围。

另外，出于平衡权利人利益之考量，避免他人对专利权利要求做非实质的改变或者替换，实践中往往运用等同原则以弥补文字表达先天不足之缺陷，但这一过程是一个无法量化且预测的过程，客观上使得专利权的边界更为模糊而不是清晰，对专利权利公示之边界造成不可预知之冲突，增

---

❶ 夏宝华. 发明哲学思想史论 [M]. 北京：人民出版社，2014：3.

❷ [美] 苏珊娜·斯科奇姆. 创新与激励 [M]. 刘勇，译. 上海：格致出版社、上海人民出版社，2010：93-106.

加了侵权判定中的不确定性。

本节介绍一个专利侵权案例。从案件过程上看，经历了一审、二审和再审程序；从结论上看，在不同程序中也有不同的分析方法和结论。这一纠纷经过一审、二审和再审程序，不同审级不仅就等同侵权是否成立的结论和判断方法上均存在差异；而且基于涉案专利的技术复杂性与权利要求文字技术特征中的诸多问题，就涉案权利要求中主题名称、文字错误、技术特征解释也存在颇多和值得讨论之处。不仅案件本身所体现出来的对权利要求理解，技术特征比对，以及等同规则的适用，均值得分析；更值得深入思考的是，司法、行政不同程序的对权利要求解释以及等同原则的适用应有何种作用，以及专利权保护范围实质约束的边界应该在何处。

【案例介绍】

诉争案件涉及第 95102640.2 号、名称为"一种海绵状泡沫镍的制备方法"发明专利，该发明于 1995 年 10 月 11 日公开，1998 年 9 月 12 日授权。该专利起初由吉林大学申请，历经多次转让，最终由科力远公司持有。

该专利权利要求保护一种泡沫镍的制备工艺，权利要求涉及具体制备方法及相关工艺参数，出现数值范围、工艺步骤等多种限定方式。权利要求 1 具体内容为："1. 一种海绵状泡沫镍的制备方法，使用经过粗化的聚醚聚氨酯作基底，制作电镀用阴极；经镀镍，水洗水燥等后处理过程，制备出海绵状泡沫镍，所说的镀镍是在含镍离子的电镀液中进行，时间为（40~50 分钟）；本发明的特征在于所说的制作电镀用阴极是用磁控溅射的方法进行的，在镀膜机中，以纯镍为靶，在氩气气氛中，控制电流密度在 $(0.1~1.5)\times10^{-2}A/cm^2$ 范围，控制溅射时间在（20~100）s，两电极间距离在（10~30）cm 之间，溅射前先抽真空，真空度为 $(0.8~3.5)\times10^{-5}$ 毫米汞柱，充入氩气后真空度在 $(2~3.5)\times10^{-4}$ 毫米汞柱；通电后，在基底表面和孔隙内生长镍，形成含金属镍的电镀用阴极；所说的后处理是在（800~900）℃温度下保温 1 小时，烧掉聚醚聚氨酯基底。"

该专利在申请时有 3 个权利要求，权利要求 1 并未记载上述具体工艺条件，这些工艺参数记载在权利要求 2 中，权利要求 3 对其中的电流密度和溅射时间作了进一步限定。[1] 申请人就该方法及具体工艺条件为何具备创造性作出陈述："优选了最佳的磁控溅射的方法；其次是总结出了磁控溅射的工艺条件……不仅在优选磁控溅射的方法时投入了大量的艰苦劳动，而且在工艺条件的确定上也花费了许多心血。……同时，溅射电流、时间、气氛及压力、电极间距离是相互配合相互制约的，没有反复的实验，没有创造性的活动是很难甚至不可能得到一整套工艺条件的。"[2] 在此基础上，专利申请人将原权利要求 1 和涉及磁控溅射具体工艺参数的原权利要求 2 合并修改为新的权利要求 1，以体现涉案专利的创造性。

本案中主要争议技术特征如表 3-1 所示。

表 3-1　本案主要争议技术特征

涉案专利	被诉工艺
使用经过粗化的聚醚聚氨酯作基底	基底材料为聚酯聚氨酯
镀膜机中以纯镍为靶	（被告认为自己使用的）不是 100% 纯镍
溅射前抽真空至真空度（0.8~3.5）×10^{-5}毫米汞柱及充入氩气后真空度为（2~3.5）×10^{-4}毫米汞柱；换算后：本底真空度为（1.1~4.7）×10^{-3}Pa、工作真空度为（2.7~4.7）×10^{-2}Pa	本底真空度为 2×10^{-2}Pa，工作真空度为（2.0~2.5）×10^{-1}Pa
镀镍时间为 40~50 分钟	时间为 68 分钟
后处理，在 800~900℃下保温 1 小时，烧掉聚醚聚氨酯基底	被控侵权方法采用烧结焚烧炉除去基材再经还原炉烧结，基材走速在 25m/h，还原炉长为 6m，其保温时间为 0.24h

从案件的整个审理过程来看：第一，在权利要求与被诉侵权物比对中，就分解技术特征及确定各个技术特征在相关比对中的作用，一审法院将权

---

[1]　参见第 95102640.2 号专利申请说明书。

[2]　参见第 95102640.2 号专利申请人吉林大学针对《第一次审查意见通知书》作出的《意见陈述书》；国家知识产权局专利局《第一次审查意见通知书》指出，相对于对比文件，权利要求 1 的区别仅在于使用的聚合物不同，本领域技术人员从不难想到权利要求 1 所述的方法；对于权利要求 2 和利权要求 3 中的附加技术特征，这些参数选择不需要进行创造性活动即可得出。由此该通知书认定全部权利要求不具备创造性。

利要求 1 中的技术特征分解为 14 个，但是认定权利要求主题名称以及与现有技术相同的三个技术特征的比对地位应予特殊处理，"根据双方提交的证据及当庭陈述可以确定，将真空磁控溅射技术应用于泡沫镍生产工艺中进行基材的导电化处理，系涉案专利与现有技术的根本区别所在。至于电镀工艺和热处理工艺，申请日前即已用于泡沫镍制造领域，非涉案专利对于现有技术的贡献"❶。第二，就等同原则适用中，虽然就技术特征"逐一"等同的比对方式已无争议，但是在具体适用尺度和判断方式上，三个审级中存在较大差异。一审倾向于从技术贡献的角度进行权利要求解释和特征比对，二审法院则按照"三基本"方式予以判断，同时严格禁止反悔原则的适用；而再审程序中则考察了专利权人除说明书之外的意见陈述，将其作为等同判断的参照内容。

最终，再审判决❷认定：

首先，被控侵权技术方案中的本底真空度及工作真空度分别为 2×10^{-2} Pa、$(2.0 \sim 2.5) \times 10^{-1}$ Pa，而涉案专利权利要求记载的本底真空度及工作真空度分别为 $(1.1 \sim 4.7) \times 10^{-3}$ Pa、$(2.7 \sim 4.7) \times 10^{-2}$ Pa，两者相差一个数量级（10 倍），明显不相同。

其次，在本案所属技术领域中，真空蒸发、溅射镀膜和离子镀等常被称为物理气相沉积技术，这是本领域基本的薄膜制作技术。它们均要求沉积薄膜的空间要有一定的真空度。因此，真空技术是薄膜制作技术的基础，获得并保持所需的真空环境是镀膜的必要条件，真空度大小在此类工艺过程中属于重要的工艺参数。具体言之：

对于本底真空度而言，其抽真空的目的是减少真空室中残余气体（甚至除去真空室壁和真空室中其他零件上可能存在的吸附气体），从而减少沉积到基片上的杂质含量，提高沉积薄膜的纯度。本底真空度越高，溅射薄膜的纯度越高，但另一方面，其对抽真空的动力源，设备的承压能力和

❶ 参见（2008）长中民三初字第 0501 号民事判决书。
❷ 江苏省高级人民法院（2011）苏知民再终字第 0001 号和（2011）苏知民再终字第 0002 号民事判决书。

密封性能等要求都有相应的提高，并且由于提高真空度需要耗费更长的时间，其生产效率可能也会有所降低。本案中，虽然均属高真空度范围，但本底真空度由涉案专利权利要求中的 $(1.1{\sim}4.7){\times}10^{-3}$ Pa 降低到 $2{\times}10^{-2}$ Pa，相差一个数量级（10 倍左右），相对于权利要求对本底真空度所限定的变化范围（在 10^{-3} Pa 数量级上由 1.1 变化到 4.7，大约 4 倍的压力变化），大约 10 倍的压力变化应属于明显差异。因此，一方面，在没有直接证据显示这样的变化不会引起真空室内杂质含量的变化进而影响溅射膜纯度的情况下，不应当认为在溅射膜纯度方面二者能够达到基本相同的效果；另一方面，涉案专利相对于被控侵权技术方案的压力变化达到 10 倍，必然会对抽真空动力源、设备的承压能力等提出更高的要求，并且需要更长的操作时间，因此，在这些方面也不能认定涉案专利与被控侵权技术方案达到了基本相同的效果。

对于工作真空度而言，其是在本底真空度的基础上通过充入氩气而获得的工作状态下的真空度数值。众所周知，磁控溅射的工作原理是：电子 e 在电场 E 作用下，在飞向基板过程中与氩原子发生碰撞，使其电离出 Ar^+ 和一个新的电子 e，电子飞向基板，Ar^+ 在电场作用下加速飞向阴极靶，并以高能量轰击靶表面，使靶材发生溅射，在溅射粒子中中性的靶原子或分子则沉积在基板上形成薄膜。可见，氩气在此过程中除了充当惰性气体保护镍材料不被氧化以外，还充当重要的溅射原子参与磁控溅射过程。由于工作真空度大小关系到工作状态下真空室中存在氩气多少，这会影响电子和氩气碰撞形成电离的概率，进而影响溅射所需的氩离子的密度，影响溅射效率。也就是说，在一定范围内，工作真空度越低（如被控侵权技术方案中的工作真空度），其中充入的氩气越多，相同条件下电子与氩气碰撞形成电离的概率越大，溅射的效率越高。本案中，工作真空度由专利权利要求中的 $(2.7{\sim}4.7){\times}10^{-2}$ Pa（高真空度）降低到 $(2.0{\sim}2.5){\times}10^{-1}$ Pa（中真空度），相差一个数量级（10 倍左右），相对于权利要求对工作真空度所限定的变化范围（在 10^{-2} Pa 数量级上由 2.7 变化到 4.7，大约 2 倍的压力变化），大约 10 倍的压力变化应属于明显差异。因此，在没有直接证据表明此大约 10 倍的压力变化不会影响溅射效率的情况下，不应认定涉案专利与被控侵权技术方案达到了基本相同的效果。

综上，由于本底真空度以及工作真空度的作用和/或效果在本案所涉及的磁控溅射过程中并不单一，并且各种作用和/或效果之间也会存在相互影响，例如本底真空度升高虽然能够提高溅射膜纯度，但相应的对抽真空能力以及设备承压能力等要求更高，而生产效率会有所降低，并且更重要的是无法对这些升高或降低进行定量比较。因此，在目前证据的基础上不能直接认定不同的本底真空度和工作真空度所产生的整体效果基本相同，也不宜简单地认定被控侵权技术方案的低真空度相对于权利要求的高真空度是变劣的技术方案。

再次，对于磁控溅射过程中所涉及的各种参数条件（包括电流密度、溅射时间、电极距离、本底真空度、工作真空度等），虽然其都是现有技术中曾经提到过或者是从现有技术大范围中选择出的小范围，但是，这些工艺参数并不是孤立存在的，为了获得最终的期望溅射效果，通常需要结合具体操作条件，例如溅射基底的材质、磁控溅射装置的类型等，综合调整各个工艺参数，这样的工艺条件的选择是一个动态的过程，需要在设计人员精心计算的基础上进行大量的具体实验才能确定出合适的参数范围，并且这些参数范围都是配套使用的，例如对于被控侵权技术方案在使用聚酯聚氨酯作为基底的情况下，使用相应的较低的真空度；而涉案专利权利要求中则针对聚醚聚氨酯采用相对较高的真空度。因此，这些参数已经由现有技术中供所有人员参考选择的公开属性转变为专用于某种特定对象的专有属性。另外，从专利申请人在授权程序中所作的相关意见陈述内容及科力远公司代理人于庭后提交的代理词的相关内容来看，涉案专利的磁控溅射工艺条件均系专利申请人花费许多心血进行创造性活动，经过反复实验得出的能体现其创造性的发明内容，是专利申请人经过创造性劳动从现有工艺条件（现有技术）中优选出的技术方案。而被控侵权技术方案中所采用的本底真空度和工作真空度则系本领域普通技术人员无须创造性劳动即可从现有技术中轻易得到的技术方案。因此不能轻易地以两者间可能存在简单联想来主张等同特征的适用。

最后，涉案专利权利要求中本底真空度和工作真空度是有明确端点的数值范围，与权利要求中其他具体的技术特征（例如聚醚聚氨酯特征）不同，有明确端点的数值范围是经过专利申请人进行概括选择之后所确定的范围。一方面，根据专利法的原理，专利申请人在撰写权利要求保护范围的过程中会在客观条件的限制下以及在法律允许的情况下尽最大可能要求其保护范围，权利要求书中未经修改的数值范围是专利权人自主选择的结果，该数值范围以外的内容应当视为专利权人认为不能或不应得到专利保护的内容，因此，不应当将有明确端点的数值范围之外，并且与该范围差异明显的数值纳入等同技术特征的范围。另一方面，在专利的审查过程中，专利行政管理部门是在申请人撰写的包括端点明确数值范围的权利要求的基础上，认为其符合专利法及其实施细则的有关规定，从而授予其专利权的。如果申请人在专利申请时要求保护一个过于宽泛的数值范围，则可能由于此范围所限定的技术方案包括与现有技术相同或相似的内容从而不具备新颖性、创造性而得不到授权，或者可能由于此范围的概括超出说明书具体公开的范围从而得不到说明书的支持而不能获得授权。这些在申请阶段可能导致专利无法获得授权的过于宽泛的数值范围，既然其没有记载在授权后的权利要求范围内，但如果通过等同特征的方式再将其纳入专利的保护范围，显然对于公众而言是不公平的。因此，对于权利要求中端点明确的数值范围，其等同特征的范围应当相对狭窄，即应当严格控制等同原则的适用，尤其是与权利要求所限定范围差异明显的技术特征。正如前述，本案被控侵权方案中的本底真空度和工作真空度均系本领域普通技术人员无须创造性劳动即可从现有技术中轻易得到的技术方案、涉案专利的本底真空度和工作真空度的技术特征系专利申请人从现有技术方案中优选出来的技术方案，故不应再将专利申请人未写入权利要求的现有技术方案纳入等同特征的范围，以防止权利人不当侵占公众利益的空间。

综上所述，本案中因被控侵权技术方案中的"本底真空度以及工作真空度"技术特征与涉案专利权利要求记载的"本底真空度以及工作真空度"必要技术特征既不相同也不等同，因此被控侵权技术方案未落入涉案专利权的保护范围，爱蓝天大连公司使用该技术方案未侵犯科力远公司的涉案专利权。

【思考题】

1. 在专利民事侵权纠纷中，在"权利要求解释"这一过程中，对于"文字错误更正"的边界应该如何把握？

2. 在专利民事纠纷中，在侵权判定过程中，通过"权利要求解释"对"技术特征明显错误的修正"，这种"文义解释"的边界应该如何把握？

3. 等同原则适用时的困难在何处？技术专家在侵权案件中发表意见的限度应该如何把握？

4. 如何理解专利行政程序与侵权判断的外在与内在联系以及专利权保护范围确定中的实质约束？

【案例分析】

1. 在专利民事侵权纠纷中，在"权利要求解释"这一过程中，对于"文字错误更正"的边界应该如何把握？

专利侵权纠纷中，需要将权利要求的文字记载与被诉实物进行一一对应式的比对，在这样对应比照下更容易发现文字表达上的疏漏，不乏会出现当事人以文字错误、明显疏漏为由主张权利要求中文字变化。例如，在第 02218342.6 号"鱼塘投料机"实用新型专利纠纷❶中，涉案专利在权利要求中关于弹簧与主副电机的连接关系显然与说明书附图显示之连接关系不一致，当事人即主张上述错误为明显文字错误应予修正。

尽管最高人民法院在相关案件中确立了通过"更正性理解"的权利要求解释路径，以对于明显错误予以纠正，❷ 但正如该判决所述，对专利说明书和权利要求的解读始终无法离开"本领域技术人员"这一拟制主体。

---

❶　参见（2011）锡知民初字第 0085 号民事判决书。
❷　参见最高人民法院（2011）行提字第 13 号行政判决书。

此外，技术领域的问题本身也并非非此即彼，而是存在诸多预测、推断等不确定的内容。同时，专利文件的解读与判定始终存在技术事实与法律规则交织的状态，何种程度的错误才算"本领域技术人员"可立即发现的并且能从说明书的整体及上下文立即看出其唯一的正确答案，并无客观标尺。而实际上，最高人民法院在不同案件中也在强化撰写质量与鼓励专利申请之间左右摇摆，对"本领域普通技术人员"这一认知标准在个案中的确定也无客观规则。在前述"精密旋转补偿器"案中，最高人民法院判决认为基于语言之局限性而不可避免，如果权利要求中属于明显错误的，不应简单用《专利法》第 26 条第 4 款予以无效，而应采用更正性理解；因为"本领域技术人员"在再现该发明时可以予以自行纠正，对"明显错误"进行更正性理解并不会损害社会公众之利益及专利制度的公示性，也能兼顾对申请专利之积极性，符合专利制度促进科技进步与创新之本意。❶ 但是在"平滑型金属屏蔽复合带"专利纠纷❷中，尽管说明书实施例所支持的技术内容与权利要求文字明显相悖，且权利要求中关于数值范围的文字表达对于该领域而言亦在量级上存在缺陷，判决态度却鲜明地倾向于强调字面表达清晰及专利文件的公示作用，认为民事诉讼程序中不能给予权利人额外修改专利文件的机会，拒绝参照适用《专利法》第 26 条第 4 款的"支持"思路，用说明书的内容修正权利要求中的表达。

此外，自 2009 年司法解释引入捐献规则等规定，实际上衍生了对于专利文件的多种复杂解释路径，权利要求解释规则的日益精细化；❸ "鱼塘投料机"案件中，判断是否明显构成笔误或文字错误，不仅需要考虑本领域技术人员对技术内容的理解程度、专利制度的激励与公示之间的平衡，还需考虑是否由于权利要求与实施例不一致而导致是否应优先适用捐献规则。从司法实践的新进展来看，当权利要求中文字表述错误导致未能够使得本

---

❶ 参见最高人民法院（2011）行提字第 13 号行政判决书。

❷ 参见最高人民法院（2012）民提字第 3 号民事判决书。

❸ 参见《最高人民法院关于审理侵犯专利权纠纷案件应用法律若干问题的解释》（法释〔2009〕21 号）。

领域技术人员清楚实现的程度，则还需考虑是否应径行认定其不能获得保护。❶

在本案中，授权权利要求中出现"水洗水燥"表述，这一术语显然并非为本领域技术人员所熟知、亦与说明书的描述不一致，看似也面临多种解释路径的选择，然而对这一文字表述的理解与确定并未实质构成案件之争议焦点。第一，从逻辑原因角度分析，"水洗水燥"之表述，不仅是对于所属领域技术人员而言，甚至基于基本物理化学知识乃至日常生活经验，均可确定为文字错误。第二，结合该申请文件公开文本来看，上述技术特征在公开文件中有对应记载，对上述特征作出修订式认定，也符合我国《专利法》第 33 条现实中"直接、毫无疑义地确定"的适用尺度。第三，从行政审查程序来看，实践中的错误更正途径，❷ 也可及于专利文件中的明显文字错误。

现行司法实践中，对于"明显错误"、可更正式解释以及运用支持或及清楚条款的裁判路径等方式的区分标准，尚处于较为模糊状态。同时，既往司法实践中也未能对"明显错误"的程度或状态予以清晰区分。本案中的文字错误情形，更类似于事实错误，与由文字局限性、表达失误导致的需要进行法律判断的解释情形不同。❸ 针对本案及类似情况参考审查程序中《专利法》第 33 条的标准及行政更正程序，适用修订式路径，实际上并非对权利要求予以法律解释而是辨析其基本事实状态，这样的认识更符合现实状况。

2. 在专利民事纠纷中，在侵权判定过程中，通过"权利要求解释"对"技术特征明显错误的修正"，这种"文义解释"的边界应该如何把握？

从文字表达的角度来看，涉案专利权利要求 1 中之技术特征"纯镍"、

---

❶ 参见最高人民法院（2012）民申字第 1544 号民事裁定书。

❷ 参见《专利审查指南》第五部分第八章第 1.3.5.14 节。

❸ 当属于基本文字错误时，实质上并非前述案例中所反映之内容更正，而是类似于行政审查程序对事实错误进行更正；此种情形是一种事实纠正，并非在考虑激励发明或者坚持严格公示主义之间做价值判断。

"所说的后处理是在（800~900）℃温度下保温 1 小时，烧掉聚醚聚氨酯基底"，并无语句或字面上的歧义，但是比对过程中存在较大争议。即是否可以从"本领域技术人员"的认识水平出发，从技术角度对上述特征进行技术角度的重新"解释"，实质上将权利要求相关特征的理解变成与对文字直接的理解有所不同，如果可以，那么这种通过"解释"实质上的"修正"，边界应该在什么地方？

（1）精准用词是否还需"更正"。

就"纯镍"这一技术特征而言，尽管从文义表面解释应理解为纯单质镍；但是，首先从说明书的记载内容来看，其并未强调使用纯单质镍或极高纯度镍在本发明中有何种特定意义或关联于何种特定效果；其次，就现有技术情况来看，高纯度镍也仅能达到 99.99%。被诉侵权人坚持这一术语的理解应限于完全的单质镍，并强调自己使用的并非 100%镍，这一观点实际上是以专利中的撰写失当对侵权成立进行抗辩。

从专利文件的技术内容来看，就专利申请人或撰写人的主观意图而言，由于这一技术特征并非发明所关注的技术改进之处，于撰写专利申请文件时并未对这一术语施加特别注意，仅在常规意义上使用"纯镍"一词。而按照对专利文件的解读规则，在说明书中未提及纯镍对发明工艺的效果影响时，这一技术特征在专利授权中并不会作为也并不会成为判断创造性的关键特征；站在技术实现角度，恰因在说明书未做特别说明，本领域技术人员会以能实现这一发明的合理形式理解这一表述，不会刻意关注超出常规意义纯度的镍会对这一工艺效果有何特殊作用。

基于语言文字具有天然局限性，完全精准是难以达到的理想状态，对于专利文件中所有字词含义的厘定实质上也是在划定发明人的文件撰写中注意义务的高低。结合发明目的与发明实质对文字的技术含义予以澄清，是权利要求解释中不可避免的步骤。本案一审、二审判决均强调结合实际生产状况理解纯镍的含义，将这一特征理解为满足本发明技术之需要的纯度。这种澄清解释遵循说明书中记载的发明目的，对于所属领域技术人员来说并不会损害专利制度之公示作用，并未超出发明实质范围。

（2）更正的界限。

权利要求中"所说的后处理是在（800~900）℃温度下保温 1 小时，烧掉聚醚聚氨酯基底"这一特征，从文字表达之角度来看，其语句清晰且无歧义，含义为"后处理"这个工艺是指在（800~900）℃温度下进行 1 小时，这一过程以烧掉基底材料。然而将其放在具体工艺的对照下、参照相关行业内的技术知识，这一特征的理解就并非如文字表达那样清晰。因为从技术角度看，对于易燃之基底材料，焚烧过程并不需要在高温下 1 小时之久；且长时间高温下存留可能带来的氧化现象并非这一工艺所追求的产品效果；对于本发明工艺所关注的泡沫镍来说，将在焚烧基材时导致的金属氧化予以专门还原是更符合该领域技术人员的常规认识。被诉工艺即是在焚烧炉内短时间除去基材，其后保温则是一个还原过程，基材走速在 25m/h、还原炉长为 6m，换算后其保温时间为 0.24h。

由于本专利说明书中并未对"后处理"作出详细描述，以被诉侵权工艺及该技术领域的特点为参照，对其含义确定就面临多重选择：①从纯文字角度确定其表达之含义，后处理是指采用保温手段烧掉基底之过程；②后处理与烧掉基底是两个步骤，在权利要求或说明书并未对后处理的步骤顺序作出明确限定时，步骤顺序并不构成比对障碍；③更进一步，结合该领域技术人员的认知能力和其掌握的基本知识，可认为上述表述属于对本领域技术人员而言出现明确矛盾或不清楚的"明显错误"，在说明书没有相反记载的情况下，可以结合所属领域之常规知识对该特征的文字表述予以修正，将其理解为烧掉基底与后处理是两个过程，高温下保温应是还原过程。

其中第一种解释路径完全遵循文义解释路径，最符合权利要求文字本意；按这种表述，被诉工艺中实际上缺少与本专利相应技术特征。第二种和第三种解释路径均涉及以本领域技术人员所应掌握的技术知识对专利内容予以理解后，对权利要求重新作出技术解读。选择何种解释方式实际上涉及个案中更正性解释的限度。

案件一审、二审过程中倾向采用第二种解释路径，将被诉工艺中的高温过程与本专利中后处理过程作为相应特征进行比对。再审中双方对该特征的解释方式争议较大，参与庭审的专家也有观点认为权利要求中关于后处理步骤的表述在现实中无法实施。权利人也基于此专利申请时国内撰写水平、对专利制度认识均处于较低水平等时代背景，主张应对撰写中的失误予以更正性理解。

应当考虑的是，首先，我国在专利授权之后对于权利要求的修订尚处于严格限制状态，不仅要受到"修改超范围"条款的约束，而且从修改方式来看实质上不允许对技术内容的文字表达有增删等变化。❶ 其次，从我国专利授权确权程序的构建和实际运行状况，可以看出立法机关对于专利文件之公示性的审慎，就法律适用的方法层面而言，也会对现有成文法体系造成实质突破，这并不符合体系解释的法律方法。最后，在民事侵权程序中如果通过权利要求解释的方式达到了修改权利要求的效果，这不仅不符合专利公示主义的理念，也有违提高专利质量的社会导向之趋势。

综合来看，司法实践中对于"更正性"解释应予以局限适用，一方面应该考虑借鉴专利行政程序中《专利法》第33条的修改标准，在这一范围内的纠正式理解并不会超出原始申请文件之范围而无损作为专利制度基础存在的公示制度；另一方面也应区分权利要求中的表述错误是基于当事人主观因素，还是由于客观上文字对技术内容表达中的天然局限，如本案中对后处理这一特征的表述，难以认定是由于文字局限所致。此外，基于个案裁判对于行为预期的强化作用，督促专利质量提升的社会效果导向也是应考量因素之一。

3. 等同原则适用时的困难在何处？技术专家在侵权案件中发表意见的限度应该如何把握？

（1）等同原则的现实困境。

虽然基于弥补语言之局限、预防"专利欺诈行为"、防止专利所代表的鼓励创新之经济因素被实质削弱等原因，等同原则一直具有强大的存在

---

❶ 目前按照我国相关规定，仅在无效宣告程序中权利人对专利文件有授权后修订的机会。

合理性。但因其大大增加了权利边界不确定性，对专利公示制度造成实质毁损，在实践适用中备受争议。一方面，鉴于其基于专利权利要求文字进行扩张范围，使得专利权边界模糊，实践中一直追求清晰化、可预测之判断标准，例如"置换可能性"且置换"显而易见"。❶ 例如，判断被诉侵权物是否具有相同效果的解决手段、本领域普通技术人员是否可以从权利要求中得出被诉侵权物；❷ 再如"三步比较法"和"实质相似"标准等。另一方面，各国司法实践中都无一例外地为等同原则的适用设置了诸多约束，例如不能落入现有技术或公知技术、不能对权利要求特征的损害、禁止反悔，等等。❸

尽管我国司法解释中关于等同原则确立了从手段、功能、效果三个方面进行基本相同的判断，同时要求相应替换系无须"创造性劳动"能联想到。然而因个案技术事实之独特性与复杂性，也因法律判断中必然蕴含的价值判断与操作弹性，立法者无法用规则将所述标准予以标尺化。

本案中关于真空度的技术特征，权利要求中限定"溅射前抽真空至真空度（0.8~3.5）×10^{-5}毫米汞柱及充入氩气后真空度为（2~3.5）×10^{-4}毫米汞柱"，换算后"本底真空度为（1.1~4.7）×10^{-3} Pa、工作真空度为（2.7~4.7）×10^{-2} Pa"，相比之下，被诉工艺中"本底真空度为 $2×10^{-2}$ Pa，工作真空度为（2.0~2.5）×10^{-1} Pa"。尽管上述差异在存在数量级上的实质差别而明显不同，从技术手段上看，被诉工艺与专利所限定的真空度存在明显差异；但由于工艺步骤之间的互相影响，难以确定或孤立地量化比

---

❶ ［日］增井和夫，田村善之．日本专利案例指南［M］．李扬，等译．北京：知识产权出版社，2016：160-172.

❷ 闫文军．专利权的保护范围［M］．北京：法律出版社，2007：228-241.

❸ ［美］J. M. 穆勒．专利法［M］．沈超，李华，吴晓辉，等译．北京：知识产权出版社，2013：334-335；［日］增井和夫，田村善之．日本专利案例指南［M］．李扬，等译．北京：知识产权出版社，2016：160-172.

较某一单一技术效果。❶ 此外，由于等同判断的法律规则未能也无法厘定清晰的技术事实尺度并转化为客观化的法律标准，即使如此案中数值化的技术特征比对，也并不意味着等同原则的适用可变成清晰明确、简单化的判断。

首先，对技术内容的事实评价并非一个可简单量化的过程，技术判断也往往包含预测与推断，而多数情况下或基于技术本身特点无法量化或基于经济因素无法重现量化判断设备。基于工艺技术之整体性、系统性，并非可理想化地将某一效果或总体效果孤立地关联于某一特定技术特征。❷ 考虑到现实中专利文件撰写水平与理想状态总有差异之现状，对于未明确记载在专利文件中的技术效果以及专利文件中记载的技术效果❸等是否纳入比对范围也需复杂的技术判断和法律判断。

其次，等同原则形成过程是基于对文字局限性不足之补充而额外增加的法律救济途径，并非量化的技术事实标准；除关注技术上的接近之外，更是一种建立在事实判断基础上的价值判断，这一过程必然赋予裁判者除事实判断之外的价值取向上尺度衡量。这就使得"基本相同"及"非创造性"劳动的标准不仅需完成技术事实上的精准衡量，还要在此基础上考虑宽严适度的法律政策，在激励创新与技术发展和防止过度垄断之间找到利

---

❶ 如再审判决所指出：本底真空度以及工作真空度的作用和/或效果在本案所涉及的磁控溅射过程中并不单一，并且各种作用和/或效果之间也会存在相互影响，例如本底真空度升高虽然能够提高溅射膜纯度，但相应的对抽真空能力以及设备承压能力等要求更高，而生产效率会有所降低，并且更重要的是无法对这些升高或降低进行定量比较。因此，在目前证据的基础上不能直接认定不同的本底真空度和工作真空度所产生的整体效果基本相同，也不宜简单地认定被控侵权技术方案的低真空度相对于权利要求的高真空度是变劣的技术方案。

❷ 如本案中，这些工艺参数并不是孤立存在的，为了获得最终的期望溅射效果，通常需要结合具体操作条件，例如溅射基底的材质、磁控溅射装置的类型等，综合调整各个工艺参数，并且这些参数范围都是共同的，例如对于被控侵权技术方案在使用聚酯聚氨酯作为基底的情况下，使用相应的较低的真空度；而涉案专利权利要求中则针对聚醚聚氨酯采用相对较高的真空度。

❸ 例如，虽然记载在专利说明书中但是与某个特定技术特征并不直接相关，或者该技术效果在专利说明书中并未达到充分公开的要求。

益平衡。

最后，社会经济环境发生变化前提下，不乏从科技或经济政策角度分析专利保护问题，"政策杠杆"、区别对待与宽严适度等观点的正当性不断得到现实重视与验证。❶ 这些均使得实践中对于专利权保护范围的划界更加难以预测。

由此可见，等同原则适用过程中，从技术事实认识与分析到法律价值判断的每个环节都会在案件事实中基于不可预测之因素而无法精确量化。不仅是法定的规则标准无法客观化，技术事实之判断也无法量化。这是等同原则现实适用中的困难。

（2）技术专家在专利侵权案件中发表意见的边界。

在专利、技术秘密案件中，技术专家、专家意见或者鉴定意见被广泛运用；实践中对于这类证据的运用却争议很大。

在已有司法实践中，最高人民法院早在法院开始受理专利案件之初就将"尽快配备审判干部，发挥技术专家的作用"作为指导审判工作的方针。❷ 司法实践中 1998 年即总结指出"审理知识产权民事纠纷案件往往涉及对专业技术事实的审查认定，人民法院必须充分重视专业鉴定""未经当事人质证的鉴定结论不能采信"。❸ 2007 年对技术事实认定进一步提出多种解决途径"妥善处理专业技术事实认定。注重发挥人民陪审员、专家证人、专家咨询、技术鉴定在解决知识产权审判专业技术事实认定难题中的作用，注意把具有专业技术特长和一定法律知识、普遍公认的专家，通过所在城市的基层法院推荐、提请任命为人民陪审员；支持当事人聘请具有专门知识的人员作为诉讼辅助人出庭就案件的专门性问题进行说明，不受举证时限的限制；复杂、疑难知识产权案件，可以向相关领域的技术和法律专家咨询；对于采取其他方式仍难以作出认定的专业技术事实问题，可

---

❶　孔祥俊. 知识产权保护的新思维［M］. 北京：中国法制出版社，2013：298-345.

❷　《最高人民法院关于开展专利审理工作几个问题的通知》（法［经］发［1985］3号），转引自：陈洪明. 我国知识产权司法鉴定制度的建构［J］. 科技与法律，2006（3）.

❸　参见《最高人民法院关于全国部分知识产权审判工作座谈会纪要》。

以委托进行技术鉴定"。❶ 从实践来看，知识产权司法鉴定早期以专利案件为主，主要为判断专利技术特征相同或等同，后来商业秘密案件的数量逐渐上升。❷

但是，在实践的另一方面，专家意见/鉴定意见直接绑架案件结论，对于知识产权案件应当架构"专家陪审员、专家辅助人和鉴定人"三维构造的质证知识产权案件建议意见模式，必要时，可以辅之以"技术顾问的咨询制度"。❸ 虽然无论实务界抑或理论界，对于技术类案件/专利案件中的专家意见或鉴定意见应限于纠纷中之"事实问题"而不能涉及"法律问题"❹，但是现实中的实现方式上对于知识产权或者技术类案件中专家意见或者鉴定意见中，往往包括对技术特征相同或等同的比较结论，尽管将相关问题一并总括为"技术争议"，但实际上，这些专家意见比较和分析的对象已经并非技术事实本身，而是包括按照一定的法律标准进行分析并得出结论，例如，技术特征等同的比较并非一个技术比对，而是将"等同"与否的判断放在具体的技术比对过程之中一并解决。这就广泛引发了对于此类案件中审判权旁落或让渡问题的争议与关注。❺

究其实质，技术类案件中对外部专家的依赖，原因是裁判者往往缺乏相关技术领域的专业水平、无法做出准确认知和判断，基于事实认识上的

---

❶ 参见《最高人民法院关于全面加强知识产权审判工作为建设创新型国家提供司法保障的意见》第 15 条。

❷ 赵江琳. 知识产权司法鉴定现状浅谈 [J]. 中国发明与专利，2007（10）.

❸ 参见最高人民法院 2007 年 1 月 11 日《最高人民法院关于全面加强知识产权审判工作为建设创新型国家提供司法保障的意见》第 15 条。

❹ 例如：郭泰和，徐康莉. 知识产权司法鉴定程序之探讨 [J]. 中华司法鉴定，2011（5）；马东晓，张华. 知识产权诉讼中的专业鉴定问题 [J]. 法律适用，2001（9）；石必胜. 知识产权诉讼中的鉴定范围 [J]. 人民司法，2013（11）.

❺ 例如：王平荣. 重塑我国知识产权司法鉴定制度的建议 [J]. 中国司法鉴定，2008（1）；马东晓，张华. 知识产权诉讼中的专业鉴定问题 [J]. 法律适用，2001（9）；石必胜. 知识产权诉讼中的鉴定范围 [J]. 人民司法，2013（11）；王平荣. 略论知识产权案件的司法鉴定 [J]. 中国司法鉴定，2009（3）；姜志刚，高洪. 我国知识产权司法鉴定程序探析 [J]. 时代法学，2006，4（2）；葛少帅. 民诉法修改背景下对知识产权诉讼鉴定制度的三个反思 [J]. 中国司法鉴定，2013（1）.

主观缺陷而不得不有限让渡部分事实认定方面的判断权；而恰恰是基于对技术内容的认知障碍，导致裁判者对技术专家在事实调查中的运用较为困难。

在这一案件中，当事人主张，2011 年 6 月 29 日，中国电池工业协会组织专家张善梅、杨裕生、陈洪渊、黄伯云、谭晓华、王敬忠、王金良召开论证会，并形成"关于 ZL95102640.2 专利技术与英可（现爱蓝天）技术比对的论证意见"。在该论证意见的技术比对部分有"（2）英可（现爱蓝天）技术采用的工作真空度比'ZL95102640.2'专利要低近一个数量级，这是生产中考虑到成本因素，企业有可能在某些范围内调整，并不涉及创新。'ZL95102640.2'专利申请日前，这一真空度已被使用"的内容。从上述可以看出，上述专家意见不仅涉及技术事实，更是对技术事实进行了法律方面的评价。

案件再审庭审中，再审法院要求双方当事人提供专家辅助人参与诉讼，就涉案技术的专门性问题向法庭作出说明。同时，法庭也指定了专家辅助人出庭，协助法庭进行技术事实调查。在庭审过程中，各方专家就关于基底的选择（技术特征 2）、两电极间距离（技术特征 8）、本底真空度和工作真空度（技术特征 9）、电镀时间（技术特征 12）、后处理步骤（技术特征 14）就技术作用、效果、技术内容的理解等事实方面发表了技术意见与讨论。

结合这一案例，对于技术专家在技术类案件中的作用，可以做如下理解。

首先，技术类案件中技术专家运用困难的实质在于：专利法本身就属于规范技术创新与技术关系的法律，其调整对象本身就是技术内容。与其他案件的本质不同在于，其他部门法涉及对社会关系之调整，而专利法或技术秘密类法律规则本身针对的是技术创新、技术转移等过程中围绕技术本身发展而衍生出的相关社会关系，技术内容本身是其研究对象以及判断对象。专利法是以技术为判断对象之法律规范，法律概念中吸收了技术语言，往往使得本应属于法律适用范畴之内容，披上了"专门性问题"之外衣。尽管这些技术语言已经不同于事实概念，但是这些法律规则中的术语或概念乃至规则结构上，例如"本领域技术人员""基本相同的技术效果""基本相同的功能"，与现实中技术人员的技术语言虽并不完全一致但十分类似。这些术语本身系法律规则赋予其法律含义的法律语言，有着其特定含义。❶ 但是，审判机关可能会将法律问题误以为技术问题而依赖专家，而不能清晰区分待论证结论中的技术事实分析与法律问题判断而导致专家意见超越事实范围。

其次，关于专利案件中事实与法律问题杂糅之证伪与区分路径在于，专利案件逻辑过程之精细化区分。法律上的事实，可以通过感知来确证者，这些事实在诉讼程序中可以被证明。判断者以自己的感知，或者以告知此事之人的感知为基础。个别的感知会以日常经验为据而联结成一些观念形象。通常把这些——以感知及对感知的注解为基础的——观念形象联结成陈述，即所谓的"未经加工的案件事实"。❷ 判断者必须将其对已发生之案件事实的想象表达出来，并且要能配合法律的用语。❸ 区分事实与法律实际上在任何领域都并非那么简单：如果只是提出特定事实是否存在（或是否的确发生）的问题，而该特定事实又是以日常用语来描述，则事实及法律问题的划分仍属可行，即使原属日常用语的表达方式亦为法律用语所采纳，亦无不同。然而，在某些事例，事实及法律问题如此接近，以致两者不可能再截然划分。专利案件中即是如此。但是，结合实践，从专利案件中技术问题的查明与判断逻辑过程来看，其中技术问题并非单一的笼统过程，而是基于专利文件之复杂与系统化，可精细化分为多个不同的逻辑步

---

❶ 例如，判断技术特征是否等同需要判断手段功能效果是否基本相同，还需要判断对本领域技术人员是否显而易见。这其中对于本领域技术人员这一主观标准的掌握，是典型的拟制法定标准，而非现实标准，对于手段功能效果是否在基本相同之范畴，也属于价值考量而非纯粹的事实比对。

❷ ［德］卡尔·拉伦茨. 法学方法论［M］. 陈爱娥，译. 北京：商务印书馆，2003：165.

❸ ［德］卡尔·拉伦茨. 法学方法论［M］. 陈爱娥，译. 北京：商务印书馆，2003：160-161.

骤：第一，技术内容之理解与确定；第二，专利说明书解读；第三，权利要求及技术特征的含义确定；第四，与被诉侵权物对应，技术特征比对。

在确定技术特征内容这一步骤中，首先是对权利要求的文字表达予以理解，同时结合说明书确定技术特征的解读规则，确定技术特征的含义实质，进而划定技术特征之范围的过程。对技术方案的理解，是使裁判者理解裁判所针对之对象的过程，是一个主观认识的过程。在完成对技术方案的理解后，根据理解确定权利要求文字表达与发明实质之间的关系，进而确定权利要求文字表达的技术特征的含义，这才构成将权利要求中的文字技术特征与被诉侵权物具象的技术特征相比对之基础。在通过说明书对技术实质的描述，厘定权利要求文字表达的作为技术特征含义的过程中，要考量诸多法定的解释规则，如禁止反悔、捐献规则，这其中还包含对说明书各个部分，如实施例与权利要求之间的关系。❶ 在这一过程中，不仅要将法律规则应用在理解、解读、确定过程中，还有可能需要考虑政策、利益平衡等价值取向之问题。由此，可以看出，此步骤是一个对技术实质予以理解，然后运用法律规则，确定比对基础的典型法律适用过程，这一过程属于应由裁判者进行而非可诉诸鉴定的事实判断。

在技术特征相同与等同比对过程中，主观意见与客观评估应区分。技术类案件的裁判过程中，在确定权利要求文字表达的技术含义以作为比对基础后，需要进行的是将抽象化的含义与被诉的具体实物予以比对的过程。这个比对包括是否相同、是否等同的两个比对步骤，之后才能得出是否侵权之结论。在技术特征比对过程中，完成从文字表达之抽象技术方案与实物进行比较这一过程，系从技术特征在发明实质中所发挥之作用、所起到的效果、实现的功能这几个层次予以比较。在这个比较过程中，文字与实物两者其作用、效果、功能，是可以量化或者客观评价的要素，这种评价是一种客观上的技术评价。此种比较与技术评价其中客观化的部分可以通过技术方式予以量化，其量化评价过程与传统司法鉴定对事实的查明实质

---

❶　这种关系也是由法律规则所确定的，是一种法律规制的范式化理解。例如，"对权利要求的解释应包含最佳实施例但是不能局限在实施例"这一规则。

上的思路和方式一致。而对于无法量化评价的内容，实质上借助书面材料与相关经验进行效果差异、功能差异的估计，实质上是一种借助技术知识、技术经验进行的技术推测，这种推测与预测本质上是一种以相关行业人员经验进行的"意见"，而非量化的客观技术分析。

由此可见，对于专利案件中对技术专家的运用，应在事实与法律判断予以清晰区分并在此基础上限制。

4. 如何理解专利行政程序与侵权判断的外在与内在联系以及专利权保护范围确定中的实质约束？

（1）专利二元体制下的隔离导致在专利文件的理解上存在割裂：权利要求解释合理化的困境。

基于对专利权人与公众之间平衡的需求以及当事人对行为的稳定预期，必然要尽量防止基于授权的保护范围在侵权过程中被不当扩大或缩小；个案中谋求合理、协调的保护范围是专利案件的一大目标。然而，我国专利行政确权与侵权判断二元体系下程序平行与并立甚至割裂，所导致的不同条款之法律适用完全分离，使得两者从程序到判断主体上均疏远与隔膜，侵权判定的裁判者对授权过程的实体条款并不熟悉，仅仅知晓大致流程，导致长期以来，专利行政程序与司法程序的连接点仅在于权利"效力"的有无。这种严格分离的状况也直接导致由于对专利文件体系理解方式不同：专利行政及后续司法程序中由于仅适用专利授权的实质条款，其适用对象为专利文件之间的认识对比对，对技术方案的系统性或整体性理解方式强化了授权条款的适用逻辑，往往忽视文字表达的技术方案与技术实践之间的距离，而强调文字的自洽以及文件形式；侵权判定中则由于不得不以技术实践为判断内容，强调文件的具象化理解，对于文字的模糊性有着深刻的认识且受制于当事人的水平、举证和查明的难度。另外，两类程序的价值取向也有着明显不同，专利行政程序基于大量同一性的类型化案件，讲究效率与一致，以强化或满足发明人/申请人的行为预期，对技术因素宏观的技术政策考虑更多；而专利侵权判定程序在我国民事纠纷解决的大背景下，更侧重于纠纷之合理解决同时兼顾社会效果。❶ 一般来说，围绕界定发明实质的专利授权条款，即所谓专利实质条件，在我国侵权判定的司法实践中一般不会直接适用，司法实践中发展出的禁止反悔原则和现有技术抗辩原则，则构成二元体制下法律适用唯二的间接连接点。

早期不乏有观点认为仅针对克服创造性缺陷所舍弃之技术方案，才能适用禁止反悔原则。❷ 对此研究也集中在结合个案的实证分析上，就该原则与专利实质要件及其他权利要求解释方法之间的关系并未有系统化探讨。严格按照司法解释定义，这一原则仅限制那些在授权过程中被明确舍弃之技术方案。❸ 而对于专利审查程序中申请人的意见陈述并不构成明确放弃的情形，是否适用禁止反悔以及适用方式或标准，近年来司法实践中有所探索。

现有技术抗辩也曾被称为公知技术抗辩，基本含义是指如被控侵权技术属于涉案专利权申请日之前的现有技术，则不构成侵犯专利权。在我国，该抗辩方式是司法实践中通过判例逐步确立并发展起来的；理论与实务界对现有技术抗辩的法理基础、适用方式、适用标准也存在诸多不同认识。在第三次修正后《专利法》第 62 条进行了明确规定。围绕这一制度有过很多争议：一是集中在其合理性上，在专利审查与授权在我国被划定为行政机关的权限范围内，该制度的适用是否会导致司法机关替代行使了行政机关的权力；二是在具体适用中，这一抗辩制度在具体个案中的比对方式、比对方法、比对标准上；是否允许不同现有技术组合或者与公知常识组合进行比对，如何解决权利要求、被诉产品与现有技术之间的比对顺序，比对结果与无效决定结论或内容之衔接，等等。

司法实践现行成熟的做法是以权利要求限定之特征为比对框架，将被

---

❶　这一思路上的分歧可体现在专利复审委员会第 49596 号复审请求审查决定、（2013）一中知行初字第 3760 号判决书、（2014）高行（知）终字第 2815 号判决书。

❷　参见最高人民法院（2009）民提字第 20 号判决书，（2006）石民五初字第 00169 号民事判决书，（2007）冀民三终字第 23 号民事判决书。

❸　《最高人民法院关于审理侵犯专利权纠纷案件应用法律若干问题的解释》（法释〔2009〕21 号）第 6 条。

诉产品与现有技术进行一一比对，❶ 这一过程本质上与侵权纠纷中的技术特征比对方式一致；在适用的过程上仍是侵权判定的思路，并无直接借鉴专利实质要件条款对处于纠纷之中的专利权利要求进行解释。但其实质上不可避免地使得现有技术与涉案专利权利要求进行间接比较，比对过程对文字表述的解读、比对规则与主观标准的确定均可能与确权程序存在潜在的冲突。❷

结合上述案例思考，传统上不同程序之间仅仅关注表面上的衔接，而忽视了对于内在逻辑的沟通与协调，这就导致在确定专利权保护范围上的疑难与困境。现实的需求是，应从不同程序间的内在协调以实现权利要求在不同程序中解释的合理与平衡。

（2）专利权边界的约束：等同原则的实质限制。

严格按照我国司法解释对禁止反悔原则的定义，仅限制那些在授权过程中被明确舍弃之技术方案。❸ 如本案中权利人在实质审查过程中将独立权利要求删除，并陈述从属权利要求中工艺条件之重要性❹才得以授权，由于上述修改并未直接明示放弃某种技术方案，并非我国司法解释中禁止反悔原则可以适用的情况。类似意见陈述如何参照，在我国司法实践中尚无定论。此外，对于答复审查意见中"限缩"权利要求的情形、从属权利

---

❶ 参见（2009）苏民三终字第 0260 号民事判决书，（2012）民申字第 18 号民事裁定书。

❷ 参见（2007）苏民三终字第 139 号判决书。

❸ 《最高人民法院关于审理侵犯专利权纠纷案件应用法律若干问题的解释》（法释〔2009〕21 号）第 6 条。

❹ 在涉案专利说明书记载："本发明的目的在于改进已有技术的制备工艺过程，以克服已有技术的不足，制备出大面积的均匀的纯度高的海绵状泡沫镍，并且基底不变形，提高成品率。"涉案专利在申请阶段所公开的说明书中记载："③本发明的目的在于改进已有技术的制备工艺过程，以克服已有技术的不足，制备出大面积的均匀的纯度高的海绵状泡沫镍，并减少电镀液的损耗和对环境的污染。"专利申请人针对《第一次审查意见通知书》进行的陈述中载明："本发明跟对比文献比较，其创造性体现在如下几方面：首先是在诸多的泡沫金属化制作电镀阴极方法中，优选了最佳的磁控溅射的方法；其次是总结出了磁控溅射的工艺条件，最后是热处理方法。"

要求中的限定条件提升至独立权利要求的情况，是否可推定其放弃更宽泛范围的技术方案，进而适用禁止反悔原则限制其范围扩展，在我国司法实践中也未见探讨。❶

　　放在专利文件体系形成过程这一大背景下理解，最初递交的专利申请文件是申请人以自己主观之认识对发明进行描述，按照专利文件的撰写规则，需要明确发明目的、现有技术之缺陷、发明人预期解决之技术问题等，实际上这些使发明人将其技术实质与现有技术进行精细化区分。而基于发明人的认识或检索局限，该描述未必与客观相符；而专利审查程序的功能之一即是审查员于强大检索资源的结果之上，对申请人描述进行矫正。由此，专利行政审批过程中形成的各种文件实际上依然围绕描述发明实质而展开。❷ 从这一角度来说，申请人在行政审批过程中的陈述本质上是对说明书中的描述进行补遗；将其视为与说明书具有同样法律地位乃应有之义。

　　在本案中将发明人陈述作为理解发明之一部分，强调其对于反应条件的选择体现了创造性劳动，❸ 对于磁控溅射过程中所涉及的各种参数条件都是现有技术中曾经提到或者是从现有技术可实施之条件中遴选出的特定范围，即意味着上述工艺参数脱离出已有溅射选择之常规范围与本发明所特别关联，构成发明实质之一。

---

❶　相应地，在美国司法实践中，对于禁止反悔原则中结合审查过程判断是否构成"放弃"的情况十分复杂，不乏案例针对审查意见中所有修改均可构成放弃，也有根据案情"推定性禁止"，或将陈述理由的责任转移之专利权人，尽管其后确立"可预见性"等多种因素对禁止反悔原则的宽泛适用进行限制，但是对等同原则的限制适用并不限于明示放弃某种技术方案的情形。参见：［美］I. M. 穆勒. 专利法［M］. 沈超，李华，吴晓辉，等译. 北京：知识产权出版社，2013：340-351.

❷　2016 年颁布的《最高人民法院关于审理侵犯专利权纠纷案件应用法律若干问题的解释（2）》中进一步将解释权利要求的书面依据范围扩张至与涉案专利的分案申请/专利，实质上是进一步澄清了与描述发明实质有关的文件范围。

❸　从专利申请人在授权程序中所作的相关意见陈述内容及科力远公司代理人于庭后提交的代理词的相关内容来看，涉案专利的磁控溅射工艺条件均系专利申请人花费许多心血进行创造性活动，经过反复实验得出的能体现其创造性的发明内容，是专利申请人经过创造性劳动从现有工艺条件（现有技术）中优选出的技术方案。

进一步，从涉案专利此技术特征的限定方式来看，关于真空度和工作真空度是有明确端点的数值范围，从应然角度讲，这样的特征形成过程应类似上位概念，是经过专利申请人提炼、概括之后的选择。一方面，结合专利申请人在行政审查中的陈述，可以推定申请人主观上自认为其从常规的磁控溅射工艺可实施之范围，为满足本发明所追求之效果特定化上述区间。另一方面，结合本案中专利审查过程的情况，专利行政管理部门系在被申请人可以强调的工艺条件范围上，方认为其符合专利法的创造性及其他条件，达到授予专利权标准；客观上可以推测如果申请人主张一个过于宽泛的数值范围，则可能由于创造性或不支持等原因而得不到授权。

按照现代专利法的文件规则体系与实践惯例，允许专利申请人在撰写权利要求保护范围的过程中在法律确立的条件限制下尽最大可能要求其保护范围。发明人在其可预测范围内，基于实施例、围绕发明实质，已经尽力扩张其权利边界。等同原则的合理性基于对文字本身表达局限性之弥补，而并不必然需要对当事人主观表达失误一概宽恕。对于申请人已经特定化选择的、范围明确的数值特征应持审慎态度。同时，结合专利审查程序的授权规则来看，本案的授权思路中可推测本专利构成类似选择发明，在这种情况下对其遴选之特征，在无充分证据或理由情况下，应审慎对待。如前所指出，等同原则适用所带来的专利权边界之扩张在两方面威胁了公共利益：一是损害公示给个人行为带来的安全预期；二是有可能挤占后续创新的开发空间。就此案情形，被诉侵权技术方案中所采用的真空度范围，如系现有技术中常见范围，则此时不应认定等同；如或者被诉侵权方案中所选择之条件结合其完整工艺相对于现有技术亦构成创造性贡献，考虑到后续创新空间，也不宜认定等同。

总的来看，我国二元制背景下，冗长的纠纷解决程序吸引了大量关注与研究资源；而侵权判断阶段基于与授权规则、专利审查程序中的具体逻辑过程的疏离，而对专利文件的解读能力一直存在隔膜或不清晰之处。两者之间往往出现矛盾而非协调。在此情况下，如何解决专利文件中从文义理解到确定保护范围边界，就成为值得结合案件技术事实予以精细化分析的重要问题。既往等同原则标准的研究与争议往往散乱，恰恰说明了这一原则适用中具有非体系化之特征，基于技术事实的特点或根据具体案情的实践所发展出来的多种限制，实质在于裁判者以基本的衡平理念寻求这一原则的最大化合理化适用。基于我国授权体系与侵权判定体系的互相封闭与独立，既往对于两种程序的内在逻辑关联对这一问题研究严重不足，而现实需求必将推动权利要求解释问题的理论或实务研究应拓展其关注点和精细化程度。

第四章　刑事与证据保全实务

【内容提要】

本章分为三节，主要涉及知识产权刑事案件中的侵犯商业秘密罪以及知识产权案件中的诉前证据保全问题。第一节分析一个涉嫌侵犯技术秘密的刑事案件，探讨技商业秘密的构成标准，尤其是"不为公众所知悉"这一要件的分析认定标准，并探讨鉴定意见在刑事诉讼中的地位和作用。第二节分析一个侵犯客户名单的商业秘密案例，结合具体案情及相关法律与司法解释探讨商业秘密犯罪中"损失数额"的认定原则、方法。第三节基于民事诉讼中证明理论及证据的相关规定，结合具体案件，分析由于知识产权民事案件的特殊性而产生的知识产权民事案件诉前证据保全问题，探讨诉前证据保全的原因、启动条件、原则、考量因素、证据保全中的关键问题以及诉前证据保全制度的价值。

【教学目标】

1. 引导学生学习并掌握侵犯商业秘密犯罪中"不为公众所知悉"要件的判断方式，并分析思考鉴定意见这一证据类型在刑事诉讼中的地位、作用与认定标准。

2. 引导学生认识侵犯商业秘密犯罪中损失数额的计算方法，进一步思考认定原则与考量因素。

3. 引导学生理解知识产权民事诉讼中的证据认定问题及其特殊性，通过案例学习知识产权民事诉讼的诉前证据保全制度，并掌握其启动条件、原则，思考并理解诉前证据保全制度的意义。

第一节　侵犯商业秘密罪中"不为公众所知悉"的认定

【案例导读】

涉案技术信息的图纸被窃取时，该项技术的冷芯机等设备已经公开销售多年，要认定销售设备上秘点所涉技术信息构成商业秘密，应排除使用公开而使秘点为公众所知悉的合理怀疑。对于涉案秘点未经使用而公开的情形，认定证据应确实、充分。本案秘点涉及的结构类技术特征，一般缺乏可保密性。本案中，据以定案的鉴定意见认为用以证明涉案秘点并未使用公开，对此，法院必须经过查证属实，才能采纳作为定案根据。经查，提出质疑的数份案涉鉴定意见系具有专门知识的人提出的专业意见，法院应参考专业意见，审查判断据以定案鉴定意见的证明价值和可靠性。对合理质疑，法院审理后应予采纳，认定被告人无罪。

本节介绍一个涉嫌侵犯技术秘密的刑事案件，围绕此案例探讨技术是否构成商业秘密的标准。刑法规定，商业秘密应是"不为公众所知悉"，由于使用涉密技术信息而导致的信息公开，或者导致该信息处于公众想得知就能够得知的状态，就不构成"不为公众所知悉"。刑事诉讼中，针对该事项所出具的鉴定意见，法院应进行实质性审查，该证据尚不能排除涉密技术信息已经被使用公开的合理怀疑的，应认定行为人不构成侵犯商业秘密罪。

【案例介绍】

原审法院审理查明的蒋某、武某犯罪事实部分。

（一）涉案技术信息是否构成商业秘密的审查

大山公司生产的冷芯盒射芯机中的转动臂带动模具工作台实现直线往复运动的机构技术（以下简称"秘点1"）及三乙胺尾部处理部件技术

（以下简称"秘点 2"）等系大山公司 2004 年 5 月从日本浪速公司引进。

1. 秘密性

（1）经公安机关委托，上海科学技术情报研究所于 2013 年 1 月 5 日作出知识产权检索报告，认定秘点 1、秘点 2 未被 2010 年 12 月 31 日前公开文献所公开。

经公安机关委托，2013 年 6 月 7 日形成上海市知识产权司法鉴定中心的司法鉴定意见书（以下简称"鉴定意见①"），认定秘点 1、秘点 2 针对出版物而言，构成属于不为公众所知悉的技术信息。

在本案审理过程中，公诉机关补充提供江苏省科技咨询中心 2016 年 11 月 8 日作出的〔2016〕鉴字第 06 号技术鉴定报告（以下简称"鉴定意见⑤"）认定：秘点 1 中"转动臂与工作台的连接装置"为实现沿轨道在顶芯与合模射芯工位正下方之间水平方向往复直线运动与在合模射芯之前脱离轨道被垂向顶升至合模射芯工位垂向运动衔接的可离合移动副；"转动臂动力机构"为保证合模射芯工位的准确定位而通过设定摆动幅度 190°～200°、安装时对应射芯举升工位的极限摆动位置以轨道方向为基准逆时针旋转 3°产生补充摆幅的摆动油缸。秘点 2 的进风管从上至下插入并穿过滤板的低端直达下腔，尾气直接输入下腔，由渐扩的下腔通道透过滤板升至上腔吹拂塑料球产生翻滚。滤板具有与所选风机参数相匹配孔板阻力和处理液位高度阻力的 6mm 孔径、20mm 孔距以及 8°倾角。上述这些信息非所属技术或者经济领域的人的一般常识或者行业惯例；非仅涉及产品的尺寸、结构、材料、部件的简单组合等内容，进入市场后相关公众通过观察产品不能直接获得；未在公开出版物或者其他媒体上公开披露；不属于无须付出一定的代价而容易获得的情形，即不为所属领域的相关人员普遍知悉和容易获得。鉴定意见⑤的鉴定人之一何朝旭到庭作证并接受质询。

（2）经大山公司委托，上海市知识产权司法鉴定中心于 2012 年 2 月 29 日作出上知司鉴字〔2011〕第 1201 号、第 1202 号司法鉴定意见书（以下简称"鉴定意见⑥-1、⑥-2"），认定秘点 1、2 属于不为公众所知悉的技术信息，双益公司生产的冷芯盒射芯机与大山公司生产的冷芯盒射芯机中采用的秘点 1、2 相同。

（3）经双益公司委托，2014 年 3 月 3 日形成的北京紫图知识产权司法鉴定中心的鉴定意见书 2 份（以下简称"鉴定意见②"），认定：秘点 1 最迟自 2012 年 12 月已经销售使用；秘点 2 从其他公开渠道可以获得且无须付出一定的代价而容易获得，不属于不为公众所知悉的技术信息。

经蒋某辩护人所在律所委托，2015 年 2 月 5 日形成的上海市科技咨询服务中心知识产权司法鉴定所〔2015〕沪科咨知鉴字第（41）号司法鉴定意见书（以下简称"鉴定意见③"），认定：秘点 1 是在 2010 年 12 月 31 日前不属于不为公众所知悉的技术信息；秘点 2 在 2010 年 12 月 31 日不属于不为公众所知悉的技术信息。

针对鉴定意见⑤，经蒋某辩护人所在律所 2016 年 11 月 22 日委托，2016 年 12 月 5 日形成的上海市科技咨询服务中心知识产权司法鉴定所〔2016〕沪科咨知鉴字第 39 号司法鉴定意见书（以下简称"鉴定意见④"），认定鉴定意见⑤所涉及的技术信息具备《最高人民法院关于审理不正当竞争民事案件应用法律若干问题的解释》❶ 第 9 条第 2 款第（1）、第（2）、第（5）、第（6）项❷的情形，不构成不为公众所知悉。

2. 价值性

经无锡方正会计师事务所有限公司审核，2010 年 4 月至 2012 年 10 月

---

❶ 该解释被《最高人民法院关于使用〈中华人民共和国反不正当竞争法〉若干问题的解释》（2022 年 1 月 29 日）废止。

❷ 该解释第 9 条第 2 款第（1）（2）（5）（6）项内容被《最高人民法院关于审理侵犯商业秘密民事案件适用法律若干问题的规定》（2020 年 9 月 12 日）吸收整合进第 4 条规定："具有下列情形之一的，人民法院可以认定有关信息为公众所知悉：（一）该信息在所属领域属于一般常识或者行业惯例的；（二）该信息仅涉及产品的尺寸、结构、材料、部件的简单组合等内容，所属领域的相关人员通过观察上市产品即可直接获得的；……（五）所属领域的相关人员从其他公开渠道可以获得该信息的。将为公众所知悉的信息进行整理、改进、加工后形成的新信息，符合本规定第三条规定的，应当认定该新信息不为公众所知悉。"第 3 条："权利人请求保护的信息在被诉侵权行为发生时不为所属领域的相关人员普遍知悉和容易获得的，人民法院应当认定为反不正当竞争法第九条第四款所称的不为公众所知悉。"

间，大山公司已支付许可费人民币851 542元。

3. 保密性

2005年3月29日，大山公司与武某签订商业秘密保护协议，每月给予武某200元左右的保密费。大山公司对涉案技术信息采取了封闭电脑USB接口等保密措施，并按约支付了保密费。

（二）被告人的行为及大山公司的损失

2003年9月1日，武某进入大山公司技术岗位工作，负责设计图纸，武某工作期间利用局域网及公司领导的电脑秘密窃取各种射芯机等的技术图纸。2009年年底至2010年年初，蒋某邀请武某合作成立双益公司，由蒋某负责生产经营管理，将相应技术图纸用于双益公司生产、销售冷芯机。后原在大山公司做装配的姚某被高薪录用到双益公司。

2010年12月至2012年12月，双益公司已生产销售12台各种型号的冷芯机，销售金额共计7 373 000元，给大山公司造成损失1 277 310.48元。

一审法院判决：（1）被告人蒋某犯侵犯商业秘密罪，判处有期徒刑一年三个月，并处罚金人民币40万元。（2）被告人武某犯侵犯商业秘密罪，判处有期徒刑一年，并处罚金人民币30万元。（3）暂扣于公安机关的侵权图纸予以没收，其他财物由公安机关依法处理。宣判后，蒋某、武某不服，提出上诉。

二审另查明：鉴定意见⑥-1、⑥-2中鉴定事项之一为，大山公司的冷芯盒射芯机中采用转动臂带动模具工作台实现直线往复运动的机构、三乙胺尾部处理部件是否构成属于不为公众所知悉的技术信息。鉴定意见①中的鉴定事项，与前述事项相同。鉴定意见⑤鉴定内容为，大山公司制造的冷芯盒射芯机中，转动臂带动模具工作台实现直线往复运动的机构中转动臂与工作台连接装置、转动臂动力机构所含技术信息，三乙胺尾气装置所含技术信息，是否具有不为公众知悉的性质。

鉴定意见⑤论述技术信息不是观察可以获得，载有：关于秘点1，通过观察产品不能直接获得有关技术信息，如要获得完整信息，需要借助起吊设备，才能使工作台底面敞露；而获得"转动臂动力机构"信息还需要细致的专业观察和细心的测量。关于秘点 2，三乙胺尾气装置的箱体及其内部滤板和进气管均采取不可拆卸的满焊连接，只有采取破坏性分解措施并进行必要的理论分析计算、实验和排放指标检测，才可获得有关技术信息。

鉴定意见④载有：在现场勘查，从冷芯盒射芯机设备的模具工作台车上可以清楚地观察到"转动臂与工作台的连接装置"，工作台被顶起时即可看到；即使使用起吊设备吊起工作台也非难事；鉴定人员能够多次进入生产车间现场拍得照片。该转动臂的动力驱动装置采用摆动液压油缸（液压摆动油缸）是惯用的技术手段。"三乙胺尾气（处理）装置"现场直接可见，内部透过设备上的透明小窗可以直接、容易地观察到；该装置的内部结构尺寸，放掉过滤液、打开透明小窗取出塑料球后，即可以通过简单测量确定该信息；鉴定意见⑤均未涉及其工艺原理、理论分析计算方法、实验和排放指标检测等信息、内容。

法院生效判决认为：人民法院作出有罪判决，都应当做到犯罪事实清楚，证据确实、充分。证据确实、充分，应当符合"综合全案证据，对所认定事实已排除合理怀疑"的条件。根据《中华人民共和国刑法》第 219 条第 3 款❶的规定，商业秘密，是指不为公众所知悉，能为权利人带来经济利益，具有实用性并经权利人采取保密措施的技术信息和经营信息。"不为公众所知悉"即要求涉案技术具有非公知性，不能是公知技术，排除涉案技术在被控犯罪行为实施时已经公开的情形。《最高人民法院关于审理不正当竞争民事案件应用法律若干问题的解释》第 9 条❷规定，有关信息不为其所属领域的相关人员普遍知悉和容易获得，应当认定为《反不

---

❶ 《中华人民共和国刑法修正案（十一）》（2020 年 12 月 26 日）已经将该款删除；主要是考虑到区分侵犯商业秘密罪与《反不正当竞争法》第 9 条规定的侵犯商业秘密的行为，应当考察侵犯商业秘密的行为是否属于"情节严重"或"情节特别严重"的行为，"商业秘密"的定义不再罗列。

❷ 该解释已被废止，其中第 9 条内容被吸收整合进《最高人民法院关于审理侵犯商业秘密民事案件适用法律若干问题的规定》（2020 年 9 月 12 日）第 3 条、第 4 条。

正当竞争法》第 10 条第 3 款❶规定的"不为公众所知悉"。因此，要认定系争技术非公知性时，既要排除出版物公开的情形，又要排除使用公开等已公开情形。

本案主要争议为涉案秘点是否已经使用公开。涉案技术信息的图纸被窃取时，大山公司生产的冷芯机等设备已经公开销售多年，要认定销售设备上秘点 1、2 所涉技术信息构成商业秘密，应排除使用公开而使秘点 1、2 为公众所知悉的合理怀疑。法律规定，辩护律师经证人或者其他有关单位和个人同意，可以向他们收集与本案有关的材料；辩护人可以申请法庭通知有专门知识的人出庭，就鉴定人作出的鉴定意见提出意见。辩护人提供鉴定意见②、③、④用以证明秘点 1、2 存在《最高人民法院关于审理不正当竞争民事案件应用法律若干问题的解释》第 9 条第 2 款❷的几种情形，法院认为，这些鉴定意见系具有专门知识的人就鉴定意见①、⑤、⑥发表的专业意见，法院应予参考。

（1）鉴定意见①仅涉及出版物公开，鉴定结论不全面，不能排除存在其他情形使技术公开的合理怀疑；鉴定意见⑥的鉴定结论虽然未限定于出版物公开，但其与鉴定意见①基于同一委托事项作出，鉴定机构和鉴定方法相同，结论却不相同，认为委托鉴定的"机构""部件"属于不为公众所知悉的技术。同时，该两份鉴定意见委托主体不同，前者为大山公司，后者为公安机关，前者作出的时间又早于后者。从中不难看出，鉴定机构在鉴定同一事项时，基于委托主体不同而修正了以前的鉴定结论，从而使人对鉴定意见⑥的准确性产生怀疑。法院认为，鉴定意见①、⑥均不应予以采信。

（2）鉴定意见⑤形式合法，但鉴定结论与委托鉴定事项不符。鉴定意见⑤虽然针对使用公开问题作出了结论，但委托事项为大山公司生产机器中的"连接装置""动力机构""尾气装置"所含技术信息是否具有不为公

---

❶　《反不正当竞争法》2019 年 4 月 23 日修正后为第 9 条第 4 款。

❷　该解释已被废止，其中第 9 条内容被吸收整合进《最高人民法院关于审理侵犯商业秘密民事案件适用法律若干问题的规定》（2020 年 9 月 12 日）第 3 条、第 4 条。

众知悉的性质。鉴定意见⑤以技术点的非公知性来论证涉案技术的非公知性，不当扩大了鉴定范围，与委托鉴定事项不符，而且缺乏逻辑性和说服力，该鉴定意见不应予以采信。

关于秘点1、2是否属于"需要一定代价才能获得"。鉴定意见⑤未明确起吊、拆卸等成本和损失，其鉴定人员也当庭表示并未在鉴定现场作测量，该鉴定意见的证明方法对于验证技术信息是否易于观察获得，并无切实说服力。在没有明确获得技术具体成本、损失的情况下，如果只是"工作台被顶起""打开小窗"，仍可能属于简单的测绘、拆卸。鉴定意见④对涉案技术信息"付出一定的代价才能获得"的观点提出的质疑，具有合理性，鉴定意见⑤不应予以采信。

（3）秘点1、2中涉及的结构类技术特征，一般缺乏可保密性。鉴定意见⑤在总结秘点1、2时，描述了"可离合移动副"机械活动的现象"往复直线运动"、"摆动油缸"的"摆动幅度"，还描述了尾气进出装置的过程、滤板与所选风机参数相匹配，却未描述实现这些机械运动的具体技术方案，也未涉及工艺原理、理论分析计算方法、实验和排放指标检测等信息、内容。法院认为，蒋某、武某及辩护人提交的数份鉴定意见提出秘点所涉的机械活动、设备构造现象等可观察，符合秘点为结构类技术特征而缺乏保密性的特点，系合理质疑，鉴定意见⑤不应予以采信。

综上，秘点1、2所涉技术信息因使用而公开系合理怀疑，鉴定意见⑤等证据尚不能达到排除合理怀疑的证明标准。本案中武某通过不正当手段从大山公司获取冷芯盒射芯机的相关技术信息，蒋某明知前述情况仍与武某一起将该技术信息用于双益公司生产冷芯机，但由于不能排除涉案两项技术信息已经被使用公开的合理怀疑，原审判决认定涉案技术信息属于商业秘密继而认定蒋某、武某构成侵犯商业秘密罪有误，应予纠正。

二审法院判决：撤销一审刑事判决；上诉人蒋某无罪；上诉人武某无罪。

【思考题】

1. "不为公众所知悉"是否应排除"使用公开"？

2. 对司法鉴定意见认定涉案秘点已经使用而公开，法院是否还需要根据专业意见对其进一步进行实质审查？

【案例分析】

1. "不为公众所知悉"应排除"使用公开"

商业秘密，是指不为公众所知悉，能为权利人带来经济利益，具有实用性并经权利人采取保密措施的技术信息和经营信息。"不为公众所知悉"即要求涉案技术具有非公知性，不能是公知技术，排除涉案技术在被控犯罪行为实施时已经公开的情形。技术公开方式包括出版物公开、使用公开和以其他方式公开三种。"使用公开"指由于使用而导致技术方案的公开，或者导致技术方案处于公众可以得知的状态。使用公开的方式包括能够使公众得知其技术内容的制造、使用、销售、进口、交换、馈赠、演示、展出等方式。只要通过上述方式使有关技术内容处于公众想得知就能够得知的状态，就构成使用公开，而不取决于是否有公众得知。《最高人民法院关于审理不正当竞争民事案件应用法律若干问题的解释》第9条规定，有关信息不为其所属领域的相关人员普遍知悉和容易获得，应当认定为《反不正当竞争法》第10条第3款规定的"不为公众所知悉"。"具有下列情形之一的，可以认定有关信息不构成不为公众所知悉：（1）该信息为其所属技术或者经济领域的人的一般常识或者行业惯例；（2）该信息仅涉及产品的尺寸、结构、材料、部件的简单组合等内容，进入市场后相关公众通过观察产品即可直接获得；（3）该信息已经在公开出版物或者其他媒体上公开披露；（4）该信息已通过公开的报告会、展览等方式公开；（5）该信息从其他公开渠道可以获得；（6）该信息无须付出一定的代价而容易获得。"该规定第（2）项❶明确，已经使用公开的技术不能成为商业秘密的保护对象。因此，要认定系争技术非公知性时，既要排除出版物公开的情形，又

---

❶ 《最高人民法院关于审理侵犯商业秘密民事案件适用法律若干问题的规定》（2020年9月12日）第4条第1款第（2）项规定为"该信息仅涉及产品的尺寸、结构、材料、部件的简单组合等内容，所属领域的相关人员通过观察上市产品即可直接获得的"。

要排除使用公开等已公开情形。

（1）鉴定意见②、③、④的勘查主体，属于"使用公开"中的"相关公众"。如有关信息仅涉及产品的尺寸、结构、材料、部件的简单组合等内容，进入市场后相关公众通过观察产品即可直接获得，不构成"不为公众所知悉"。有观点认为，鉴定意见②、③、④的勘查主体不是所属领域的公众，涉案产品销售是点对点，销售和使用的人是特定对象。笔者认为，现并无证据证明大山公司在对外销售涉案产品时设置身份障碍或选择特定客户，进而要求采购方对产品进行保密，采购企业生产厂区内也无禁止他人参观、访问的提示。本案的实际情况是大山公司涉案产品早已销售给多家单位，上诉人的辩护人、北京紫图鉴定中心鉴定人员均顺利进入安置有涉案产品的厂区进行现场勘验、拍照。该产品已经处于不特定主体想购买即可购买的状态，再以购买者范围限定"相关公众"才能进行观察，并不合理。辩方鉴定人员作为"相关公众"发表意见，并未超出法律规定的主体要求。

（2）"使用公开"只要求具有获得秘点技术的可能性。通常而言，要认定机械装置构成技术秘密，不能是简单的机械活动的现象，因为相应的现象能在公开出售的机器上直接观察得到，具体的尺寸也可以通过简单的测绘、拆卸方法来获得。机械装置或系统构成秘点，应有系统零部件的位置、结构、配置关系、部件尺寸、尺寸公差、技术要求等技术信息；还可以包括具体工艺在内的工艺程序、试验参数、技术要点处理等具体的技术信息。秘点1、2描述了机械活动的现象，还描述了机械运转过程、参数，却未描述实现这些机械运动的具体技术方案，也未涉及工艺原理、理论分析计算方法、实验和排放指标检测等信息、内容，因而秘点1、2所涉信息系结构类技术特征，具有观察、测量可能性。

有观点认为，"不为公众所知悉"是指有关信息不为其所属领域的相关人员普遍知悉和容易获得，而且"知悉"和"获得"不能仅仅是一知半解，而应是全部获得；拆卸行为不是正常生产行为中的使用行为，蒋某、武某没有通过反向工程获得技术，因此构成使用公开的理由不充分。笔者认为，只要被出售的设备使秘点技术内容处于公众想得知就能够得知的状态，即为使用公开。相关公众能够从出售的已存在的技术信息的载体中获取该技术信息，只需存在能够获取的可能性就够了，并不需要已经实际上从中获取了该技术信息。鉴于此，使用公开关注的是技术信息的可获得性，与相对人对该技术信息载体是否采取保密措施并不具有必然联系。以不正当手段获得技术信息并不能免除证明存在商业秘密的责任，仍应证明系争技术信息具有非公知性等构成要件、能够作为商业秘密获得保护。因而本案中判断秘点 1、2 是否构成使用公开并不取决于蒋某、武某是否实际通过购买设备而获得技术。

法院不能因为被告人有盗窃行为就降低对商业秘密的构成要求，有授权使用的技术图纸，无疑会降低研发生产成本，但不应就此反推存在商业秘密。特别是在技术已经被授权使用、产品已经公开销售的情况下，对技术的非公知性仍应严格予以审查。

2. 对是否构成"不为公众所知悉"的鉴定意见，法院进行实质性审查

鉴定意见属于"意见证据"，证据应查证属实。鉴定意见是《刑事诉讼法》规定的证据之一，是鉴定人运用科学技术或者专门知识对案件中的专门性问题进行检验、鉴别后给出的专业意见。"鉴定意见"在 2012 年修改前的《刑事诉讼法》中被称为"鉴定结论"。由"鉴定结论"改为"鉴定意见"明确了鉴定意见的证据属性。"鉴定结论"具有预定的法律效力，违背了"证据必须经过查证属实，才能作为定案根据"的法律规定，实质上是把审理案件中专门性问题的权力让渡给了司法鉴定者，违背了审判权应由裁判者独享的司法原理。将"鉴定结论"改为"鉴定意见"，使"鉴定意见"回归到"证据材料"而非"定案根据"的本来面目，使"鉴定意见"同其他证据一样，只有在经过庭审举证、质证、认证等环节之后，才能作为定案的根据。更重要的是，名称的变化反映了立法机关对鉴定意见属性的确认，即鉴定意见属于"意见证据"。

由司法机关委托作出的鉴定意见，可能会与由辩护人提供的鉴定意见、辩护人申请的专家证人出庭作证的意见并存。在多种鉴定意见并存的情况

下，就需要裁判者审查判断，最终采纳其中一个相对合理的意见。

（1）公诉机关举证的商业秘密鉴定意见不应具任何预设的证明力。尽管在诉讼活动中，鉴定意见对于案件中的专门性问题所具有的证明力是其他证据种类都不能替代的，且有时往往对案件的最终结论起决定性的作用，❶ 但这并不意味着鉴定意见可以不需经过审查判断就直接用来认定案件事实。鉴定意见不仅具有科学性和客观性，还具有主观性，而其主观性必然决定了鉴定意见的不稳定性和不确定性。鉴定意见是鉴定专家个人的认识和判断，而鉴定专家在前述判断的过程中极易受到各种主客观因素的影响，其鉴定意见可能会出现判断偏差，甚至歪曲或错误反映待证事实。故而，尽管鉴定意见具有其他证据无法替代的特殊功能，甚至对技术秘密是否成立的认定起到决定性作用，但是也并不能就此认定鉴定意见的证明效力当然优于其他证据。对整个案件来说，鉴定意见只是商业秘密案件中诸多可据以查明案情的证据之一，审判人员应当允许各方当事人对鉴定意见自由地提出意见，必要的时候还应当要求鉴定专家出庭接受质询，只有在鉴定意见经过双方当事人充分质证后，才能在结合案件的全部证据的基础上进行综合审查判断，从而正确认定案件事实、准确适用法律规定，最终作出公正合理的判决。

本案一审偏重于审查鉴定意见的程序，二审则更注重对鉴定意见进行全面的实质审查，认为鉴定意见①、⑤、⑥用以证明涉案秘点并未使用公开，必须经过查证属实，才能作为定案的根据。其中，鉴定意见①的鉴定结论不全面，鉴定意见⑥的鉴定结论有所修正，但其与鉴定意见①基于同一委托事项作出，鉴定机构和鉴定方法相同，结论却不相同，从而使人对鉴定意见⑥的准确性产生怀疑。鉴定意见⑤形式合法，但鉴定结论与委托鉴定事项不符；该鉴定意见的证明方法对于验证技术信息是否易于观察获得，并无切实说服力。鉴于此，二审认为前述鉴定意见尚不能达到排除合理怀疑的证明标准。

---

❶ 何家弘．司法鉴定导论［M］．北京：法律出版社，2000．

（2）鉴定意见②、③、④系具有专门知识的人就鉴定意见①、⑤、⑥发表的专业意见。为破解鉴定意见质证难题，《刑事诉讼法》规定了鉴定人、有专门知识人出庭制度。《刑事诉讼法》第192条规定，公诉人、当事人或者辩护人、诉讼代理人可以申请法庭通知有专门知识的人出庭，就鉴定人作出的鉴定意见提出意见。法庭对于上述申请，应当作出是否同意的决定。有专门知识的人出庭，适用鉴定人的有关规定。鉴定意见及其他体现专业性的书证作为证明力较强的客观性证据，常常在认定罪与非罪的过程中发挥着关键性作用，引入有专门知识的人出庭制度，使客观性证据的质证环节不再流于形式，也促进整个庭审过程的实质化。

本案的一审中，法庭接受申请要求鉴定人出庭作证，却对辩护人申请有专门知识的人出庭，未予准许。这实际上导致了法院无法进一步了解针对鉴定意见的不同观点。刑事诉讼法规定被告人也可以聘请"有专门知识的人"对鉴定人的鉴定意见进行"再鉴定"。"有专门知识的人"出庭，就鉴定意见提出意见，可以帮助法官理解相关专业问题，进而作出公正判断。"有专门知识的人"的作用举足轻重，一旦其能够就鉴定意见所要证明的事实提出合理质疑，法院就不应认定该部分事实。本案中，蒋某、武某及辩护人针对公诉方举证的鉴定意见，提交了数份鉴定意见，其中有些意见系合理质疑，使得二审最终未采纳鉴定意见⑤。对鉴定意见的审查判断，不能仅仅通过当庭宣读的方式来进行，而应建立针对鉴定人的交叉询问程序，并借此来审查鉴定意见的证明力和证据能力，这与证人出庭作证的情形没有本质的不同。本案中，鉴定意见⑤未明确起吊、拆卸等成本和损失，其鉴定人员也当庭表示并未在鉴定现场作测量，该鉴定意见的证明方法对于验证技术信息是否易于观察获得，并无切实说服力。

实践中，如果涉及特别专业的问题时，当只有一方专家或技术顾问出庭时，庭审质证往往演变成对其他人员进行的专业知识普及课。笔者认为，为避免这种情况，法院可以让鉴定人、有专门知识人同时出庭，就专业问题形成较为有效的意见展示和意见对抗。

第二节　侵犯商业秘密罪中犯罪数额的认定

【案例导读】

根据《刑法》第 219 条之一第 1 款的规定，侵犯商业秘密罪构成要件客观方面的要素之一是犯罪行为给商业秘密的权利人"造成重大损失"，故构成侵犯商业秘密罪必须是侵犯商业秘密"造成重大损失"的行为，如果没有"造成重大损失"，不能构成犯罪。据此，侵犯商业秘密罪是以"造成重大损失"作为定量因素的。但是，刑法并未对侵犯商业秘密罪的"造成重大损失"作出界定和说明，针对此问题，最高人民检察院、公安部在 2001 年发布的《关于经济犯罪案件追诉标准的规定》第 65 条规定："侵犯商业秘密，涉嫌下列情形之一的，应予追诉：1. 给商业秘密权利人造成直接经济损失数额在五十万元以上的；2. 致使权利人破产或者造成其他严重后果的。"最高人民法院、最高人民检察院在 2004 年发布的《关于办理侵犯知识产权刑事案件具体应用法律若干问题的解释》（以下简称《侵犯知识产权案件解释》）第 7 条则规定："实施刑法第二百一十九条所列行为之一，给商业秘密的权利人造成损失数额在五十万元以上的，属于'给商业秘密权利人造成重大损失'"。❶ 该解释删去了"直接"二字。但是，司法解释仍然未能解决侵犯商业秘密罪构成犯罪的具体标准，即如何计算"重大损失"，并没有进行明确。

在侵犯商业秘密罪的司法认定中，作为商业秘密的客户名单因被告人非法利用，造成权利人自身损失数额难以计算的情形，被告人因侵权所获利润可以视为权利人损失，具体计算方法为被告人与相应客户的贸易量乘以对应的利润率。如果被告人与相应客户的利润率无法确定，可以按照权

---

❶ 2020 年 9 月最高人民检察院和公安部联合发布《关于修改侵犯商业秘密刑事案件立案追诉标准的决定》，2020 年 12 月 26 日全国人大常委会通过《刑法修正案（十一）》，降低了侵犯商业秘密罪的入刑标准、提高了侵犯商业秘密罪的法定量刑：将侵犯商业秘密罪的立案追诉的金额标准由原来的 50 万元降低到 30 万元。

利人与相应客户的利润率乘以被告人与相应客户的贸易量，视为被告人的侵权获利数额。但是，在被告人与相应客户发生贸易的过程中，因维系与客户之间的贸易关系而支付大额佣金，应当排除在侵权人的"合理利润"之外，不再计入权利人遭受的实际损失数额。

　　本节介绍一个侵犯客户名单的商业秘密案例，在理论上，侵犯商业秘密犯罪行为给商业秘密权利人造成损失数额的认定，一般遵循以下两个原则：第一，对于能够计算权利人损失的，应当首先以权利人的实际损失数额作为本罪的数额标准；第二，权利人的损失数额难以计算的，将侵权人在侵权期间因侵犯商业秘密所获得的实际利润认定为本罪的犯罪数额。但是，在某些特殊情况下，权利人的损失数额和侵权人所获得的实际利润均往往难以查实，这就需要正确认识、理解与运用法律及司法解释的规定精神，根据案件的具体情况，综合作出合理认定。

【案例介绍】

　　江苏弘业永盛进出口有限公司（以下简称"弘业公司"）系一家拥有进出口经营权的公司。被告人费某于 2000 年进入弘业公司工作，先后任业务员、部门副经理、部门经理、总经理助理、副总经理。其间，弘业公司安排被告人费某负责通过外商与 INTERMARKET、PULSE CREATION、CHEFWEAR 等公司开展外贸服装出口业务。弘业公司开发上述客户后，通过多年贸易，掌握了这些客户的交易习惯、交易意向等特殊经营信息，与客户相互磨合而形成一定的业务关系。在费某与弘业公司签订的劳动合同书的附加保密条款中约定："职工必须保守公司商业秘密……外销人员离开公司三年内不得从事原商品原客户的外销业务，并不得将所掌握的公司信息透露给其他人员或其他公司。"同时，该公司每月向费某支付保密费。2010 年 5 月，费某从弘业公司离职后，前述三家客户再未与弘业公司开展业务。

　　2010 年 5 月至 2012 年 3 月，被告人费某违反与弘业公司签订的保密协议，使用其所掌握的弘业公司的经营信息，通过江阴晟腾进出口有限公司（以下简称"晟腾公司"）、无锡睿创进出口有限公司（以下简称"睿创公司"）与弘业公司上述客户开展外贸业务。

经审计，无锡宝光会计师事务所有限公司（以下简称"宝光所"）出具二份审计报告，载明：弘业公司自 2007 年 1 月 1 日至 2010 年 5 月与涉案三客户出口贸易量为 21 271 571.81 元，综合毛利（营业利润）为 4 535 224.03 元；2010 年 5 月至 2012 年 3 月，晟腾公司、睿创公司与涉案三客户的出口贸易量扣除佣金，净出口贸易量为 34 623 141.03 元；由于晟腾公司、睿创公司存在重大明显的虚列成本等情况，无法计算出每笔业务的毛利率。根据公安机关重新委托审计要求及法院的补充审计要求，江苏天衡会计师事务所有限公司（以下简称"天衡所"）于 2013 年 3 月 22 日出具审计报告。公诉机关据此指控被告人费某给弘业公司造成的损失为：以晟腾公司、睿创公司名义与涉案三客户出口贸易量 19 935 273.84 元、9 503 735.45 元、7 205 936.96 元，分别乘以 26.74%、28.75%、12.06%（均为弘业公司与三客户分别的营业利润率），合计约 8 932 052.16 元。

2013 年 11 月 21 日，被告人费某家属向弘业公司退赔 400 万元，弘业公司于同日出具谅解书，对被告人费某表示谅解，要求法院对其从轻处理。

被告人费某表示自愿认罪，但辩称公诉机关指控其侵犯弘业公司商业秘密所造成的损失数额过高。其举证了江苏公证天业会计师事务所（以下简称"公证天业所"）出具的苏公 W〔2012〕E6001 号商定程序报告，证明经委托执行商定程序，睿创公司自 2010 年 11 月至 2012 年 2 月，与客户 PULSE CREATION、CHEFWEAR 营业收入、营业毛利情况。

法院经审理认为：本案的关键是确定被告人费某犯罪行为造成弘业公司的损失金额。商业秘密是一种无形财产，侵犯商业秘密给权利人所造成的损失，更多地表现为权利人竞争优势的降低、市场份额的减少甚至商业

秘密因被公开而灭失。参照《中华人民共和国反不正当竞争法》第 20
条❶，"被侵害的经营者的损失难以计算的，赔偿额为侵权人在侵权期间因
侵权所获得的利润"。本案被告人费某实际获利难以查实，无法据此认定
权利人的损失数额。根据相关司法解释，确定侵犯商业秘密行为的损害赔
偿额，可以参照确定侵犯专利权的损害赔偿额的方法❷进行，即权利人销
售量减少的总数难以确定的，侵权产品在市场上销售的总数乘以每件专利
产品的合理利润所得之积可以视为权利人因被侵权所受到的损失。按照上
述规定，法院认为，公诉机关以费某与涉案三家客户的贸易量分别乘以弘
业公司与该三家客户的营业利润率，合计总数后作为权利人具体损失，具
有一定合理性。但公诉机关据此计算的 8 932 052.16 元，还应再扣除被告
人费某离职后为与涉案客户发生贸易而向中间商支付的佣金。因为佣金乃
商事活动中支付的合理对价，应计入交易成本而非利润。故法院在扣除佣
金后认定被告人费某给弘业公司造成的实际损失金额为 6 910 295 元。

　　被告人费某违反约定，使用其所掌握弘业公司客户名单的商业秘密，
给商业秘密的权利人造成特别严重后果，其行为已构成侵犯商业秘密罪。
被告人费某虽未主动归案，但在公安机关侦查阶段如实供述了自己的罪行，
可以从轻处罚。在本案审理期间，被告人费某主动向被害单位退赔经济损
失，有悔罪表现，并取得被害单位谅解，还可酌情从轻处罚。根据被告人
费某的犯罪情节和悔罪表现，对其适用缓刑不致再危害社会，可对其宣告
缓刑。依法作出如下判决：被告人费某犯侵犯商业秘密罪，判处有期徒刑

---

　　❶　《中华人民共和国反不正当竞争法》2019 年 4 月 23 日修正后为第 17 条第 3 款"因
不正当竞争行为受到损害的经营者的赔偿数额……实际损失难以计算的，按照侵权人因侵
权所获得的利益确定。"

　　❷　《最高人民法院关于审理不正当竞争民事案件应用法律若干问题的解释》第 17 条
"确定反不正当竞争法第十条规定的侵犯商业秘密行为的损害赔偿额，可以参照确定侵犯
专利权的损害赔偿额的方法进行"。该解释已被废止，该条内容被吸收整合进《中华人民
共和国反不正当竞争法》（2019 年 4 月 23 日修正）第 17 条第 3 款、第 4 款、《最高人民法
院关于审理侵犯商业秘密民事案件适用法律若干问题的规定》（2020 年 9 月 12 日起实施）
第 19 条、第 20 条。

三年，缓刑五年，并处罚金 400 万元。

【思考题】

1. 在这一案件中，涉案客户信息是否构成商业秘密？

2. 费某犯罪行为造成弘业公司的损失金额如何认定？

3. 涉及商业秘密的"合理利润"是否等同于"净利润"？

【案例分析】

1. 涉案客户信息是否构成商业秘密？

商业秘密，是指不为公众所知悉，能为权利人带来经济利益，具有实用性并经权利人采取保密措施的技术信息和经营信息。弘业公司与客户 IN-TERMARKET、CHEFWEAR、PULSE CREATION 的经营信息不仅包括客户名称、地址，还包括客户的需要、交易习惯、意向、结算方式等显然不能为公众所知悉的信息，也不为所属领域人员普遍知悉和容易获得，具有秘密性；这些信息是弘业公司通过长期的业务联系、沟通、合作后固定下来的，为此付出了相当的努力；上述经营信息能为弘业公司带来经济利益，具有实用性，且弘业公司采取签订保密协议、制定保密规定、支付保密费、适用加密手段等保密措施进行保护，应当属于弘业公司的商业秘密。

辩护意见提出本案所涉的商业秘密是客户名单，其性质是附条件的商业秘密，应以双向选择为基础，现在客户是自愿选择与被告人费某开展业务，因此不能构成侵犯商业秘密。《最高人民法院关于审理不正当竞争民事案件应用法律若干问题的解释》第 13 条第 2 款，"客户基于对职工个人的信赖而与职工所在单位进行市场交易，该职工离职后，能够证明客户自愿选择与自己或者其新单位进行市场交易的，应当认定没有采用不正当手段，但职工与原单位另有约定的除外"。即使涉案客户与被告人费某发生业务往来，存在个人信赖关系，但弘业公司已与其签订劳动合同书，其中的保密条款将客户资料列入公司商业秘密管理，还约定外销人员离开公司三年内不得从事原商品原客户的外销业务。故无论涉案客户与被告人费某进行业务往来是否存在个人信赖关系，其行为仍然属于违反约定，采取不正当手段使用了商业秘密，故该辩护意见，未被支持。

2. 如何认定本罪犯罪数额？

在本案的审理中，由于权利人的实际损失以及侵权人的利润均无法查清，对于如何认定本罪犯罪数额，司法实践中主要存在以下四种观点：

第一种计算方式，侵权人在侵权期间侵犯商业秘密所发生的业务量，与权利人被侵权前与各客户开展贸易业务的平均利润率，相乘之积。据此，弘业公司在被侵权前，自 2007 年 1 月至 2010 年 5 月与客户 PULSE CREA-TION、INTERMARKET、CHEFWEAR 发生的净出口贸易量，减去工厂去税成本、出口货物不可抵扣进项税、运杂费、外方佣金，平均毛利（营业利润）率为 21.32%。在被侵权后，弘业公司未再与上述客户发生业务往来，上述客户的所有业务全部转移至费某名下。费某自 2010 年 5 月至 2012 年 3 月，与权利人上述客户发生外贸服装业务的净出口贸易量 34 623 141.03 元。因此，权利人因侵权行为造成的损失数额为 34 623 141.03 元 × 21.32%，计 7 381 653.67 元。

第二种计算方式，侵权人在侵权期间侵犯商业秘密所发生的业务量，与无锡市纺织服装出口行业平均毛利率，相乘之积。根据中国国际商会无锡商会出具无锡市纺织服装自营出口企业近年来行业平均毛利率为 20% ~ 25%，以最低毛利率 20% 计算，权利人的损失数额为 690 万余元。

第三种计算方式，侵权人在侵权期间侵犯商业秘密所发生的业务量，与侵权人提供的商定程序工作报告中体现出的营业毛利率，相乘之积。根据商定程序报告，睿创公司与客户发生出口贸易量为 18 478 539.28 元，去除营业成本后营业毛利为 2 744 742.72 元，即营业毛利率为 14.85%。以该营业毛利率为依据，乘以费某通过晟腾公司、睿创公司名义与客户发生的出口贸易量 34 623 141.03 元，权利人的损失数额为 5 141 536.44 元。

第四种计算方式，侵权人在侵权期间与各客户所发生的业务量，乘以权利人被侵权前与各客户开展贸易业务对应的营业利润率，所乘之积合计相加。被告人费某给弘业公司造成的损失为：以晟腾公司、睿创公司名义

与客户 INTERMARKET、CHEF WEAR、PULSE CREATION 的出口贸易量
19 935 273.84 元、9 503 735.45 元、7 205 936.96 元，分别乘以 26.74%、
28.75%、12.06%（均为弘业公司与三客户分别的营业利润率），合计约
8 932 052.16 元。

综合以上四种计算方式，笔者认为，第四种计算方法具有科学性和合理性。当然，对于侵权人的必要合理支出，也应当在计算数额的基础上予以合理扣除。具体理由详释如下。

（1）契合刑法条文的基本规定以及相关司法解释的解释原则。

刑法对于侵犯商业秘密罪的罪状表述为"给商业秘密的权利人造成重大损失"与销售假冒注册商标的商品罪的"销售金额较大"以及侵犯著作权罪"违法所得较大"等表述均不相同。刑法对侵犯商业秘密罪的罪状构建中强调的是犯罪行为给权利人带来的损失，而非行为人所获得的利益。参照《中华人民共和国反不正当竞争法》第 20 条规定的民事侵权损害赔偿计算方法，"经营者违反本法规定，给被侵害的经营者造成损害的，应当承担损害赔偿责任，被侵害的经营者的损失难以计算的，赔偿额为侵权人在侵权期间因侵权所获得的利润"。现根据天衡所审计报告，费某实际获利难以查实，而其自行委托公证天业所出具的报告，并无法律依据，况且该报告结论与司法机关委托审计报告差异明显，无法据此认定权利人损失。

《最高人民法院关于审理不正当竞争民事案件应用法律若干问题的解释》第 17 条第 1 款规定，"确定反不正当竞争法第十条规定的侵犯商业秘密行为的损害赔偿额，可以参照确定侵犯专利权的损害赔偿额的方法进行"。《最高人民法院关于审理专利纠纷案件适用法律问题的若干规定》第 20 条第 2 款规定，"权利人因被侵权所受到的实际损失可以根据专利权人的专利产品因侵权所造成的销售总量减少的总数乘以每件专利产品的合理利润所得之积计算。权利人销售量减少的总数难以确定的，侵权产品在市场上销售的总数乘以每件专利产品的合理利润所得之积可以视为权利人因被侵权所受到的损失。"在计算侵犯商业秘密罪所造成损失时，应当以权利人因侵权行为失去业务，进而失去本应当可以获得的利益来界定权利人的

损失，这样更符合立法的表述和精神。

（2）商业秘密的特殊价值得以充分彰显和认定。

商业秘密的重要价值在于能够确保权利人处于市场竞争优势，获取较高的经济效益。由于费某利用从弘业公司获取的客户信息秘密从事交易，使弘业公司与外商客户通过交易能获取的合理利益遭受损失，弘业公司再未与上述客户交易，这意味着费某侵占了弘业公司原本应有享有的市场份额，其与外商客户发生的贸易量就代表着弘业公司失去了相同数量的交易机会。费某的非法竞争行为必然会造成弘业公司失去交易机会，弘业公司也就失去了费某犯罪行为实施前应当享有的正常的贸易利润。故弘业公司商业秘密受侵害后的营业利润率，以该公司与外商客户之前四年交易的平均利润率来作为计算依据，再乘以费某与外商客户发生的外贸服装业务净出口贸易量，具有合理性。虽然审计报告中的利润可能与费某营业利润率之间存在偏差，而弘业公司、费某分别与外商客户发生的实际贸易量之间也存在一定偏差，但是整体而言，该计算方式能够较为真实地反映弘业公司因被侵权所受到的损失，且更符合刑法条文中对于权利人损失的界定。

弘业公司主张的客户名单，一一分开统计贸易量及营业利润，不再统算为平均利润率。审计报告统计显示，弘业公司与 PULSE CREATION 的毛利率为 14.52%，与 INTERMARKET 的毛利率为 29.59%，与 CHEFWEAR 的毛利率为 30.33%。该计算方式，进一步明确商业秘密范围内各客户的价值，使统计更有针对性，对商业秘密价值的计算也更科学。由中国国际商会无锡商会出具的《关于我市纺织服装自营出口行业毛利率的说明》载明，无锡市纺织服装自营出口企业，近年来行业平均毛利率大体在 20%～25% 的区间内波动。该说明一定程度上佐证了上述营业利润率具有合理性。

3. 涉及商业秘密的"合理利润"不能等同于"净利润"

法律对侵犯商业秘密损失计算规定，可以比照专利侵权的损失计算，"权利人销售量减少的总数难以确定的，侵权产品在市场上销售的总数乘以每件专利产品的合理利润所得之积可以视为权利人因被侵权所受到的损失"，法律对"合理利润"的理解未进一步明确。

（1）以"净利润"计算依据不足。

费某申请以晟腾公司、睿创公司业务单位涉案交易所获得的净利润来计算弘业永盛所遭受的损失。首先，关于损失以净利润计算，并无法律依据，事实上，实践中，一般也是根据营业利润（类似于"毛利"）统计权利人损失。其次，从审计的技术操作上看，如果需要统计单笔贸易净利润，必须统计所有会计年度的贸易数额，统计所有的成本，在此基础上才能分摊各项运营成本，而分摊成本的方式，审计上并无统一规定；不同的成本分摊方式，会有不同的计算结果，使得统计结论不具有唯一确定性。再次，委托审计报告均认为，晟腾公司、睿创公司存在成本核算不规范、记账不规范等问题，且由于委托审计提供的材料中未有相关的资料，无法按委托要求计算营业利润，因而实际上也无法统计净利润。

商定程序报告是由睿创公司自行委托，该委托审计并无法律依据，且其结论与公安机关委托的审计报告并不一致，故无法作为损失认定的计算依据。而且根据刑法的规定，影响侵犯商业秘密罪的罪名成立及量刑轻重的情节标准是权利人的损失，而非犯罪行为人的获利，两者并非同一概念，不可以直接替换。以权利人损失作为定罪量刑标准，比以犯罪行为人获利作为标准更能保护权利人的合法权益，更能体现出法律对商业秘密犯罪的惩罚性。故费某提出以其所获得的净利润作为损失认定数额的辩护意见，并无法律依据。

（2）侵权人在侵权过程中的合理支出应当排除在"合理利润"之外。

费某与相应客户发生贸易过程中，支付了大额佣金，对客户的商业价值产生重要影响，则该部分佣金应予合理扣除，不再计入权利人遭受的实际损失数额。佣金乃商事活动中支付的合理对价，应当计入成本而非利润，在统计弘业公司与涉案客户的四年营业利润率时，天衡所出具的审计报告因故未能对应扣除支付给 RAJ 的全部佣金（约 354 221.25 元）。弘业公司与涉案客户四年的贸易总量约 2000 余万元，而被告人费某离职后，与涉案客户所发生的贸易量一年即达 3000 余万元，贸易量有大幅度增加，而同期其向 RAJ 支付的佣金数额亦从四年支付 35 余万元，增加为一年支付了 200

余万元。考虑本案所涉商业秘密为客户名单，被告人费某实际向 RAJ 支付的佣金 2 021 757.16 元，对客户的商业价值产生重要影响，直接就体现为贸易量的增加及利润额的提升，则该部分佣金应予合理扣除，不再计入弘业公司遭受的实际损失数额。故本案认定被告人费某给弘业公司造成的损失为 6 910 295 元。

第三节　知识产权案件中的诉前证据保全

【案例导读】

用法律解决问题是一个法律分析的过程，在案件审理或审查中，法律适用的过程是裁判者查明争议事实并按照逻辑演绎过程把这些事实归属于某个规则之下的过程。❶ 由此，对已经发生过的、与特定案件关联的事实的查明或证明，是法律适用的前提，是每个需要适用法律的工作者必须面对的问题，即裁判者首先必须是一个"事实的判断者"。存在过的事件会在客观或主观上留下种种痕迹，而对事实的判断则就是利用这些痕迹对已经经过的事件进行回溯和发现。证明就是指用证据再现某种事实，其包含对某种事实提出证据并说服裁判者接受的含义，因此，证明责任也被划分为举证的责任和说服的责任。究其实质，事实判断的过程是一个判断者主观的心路历程，对事实的恢复不过是"由接触证据产生初步心证、到心证的逐步确立、再到心证的巩固和验证"❷ 的过程。

裁判的逻辑推理过程是以抽象的法律规范为大前提，以具体的案件事实为小前提进而得出结论的过程。基于法律适用中这样的逻辑过程，站在裁判者的立场，对事实的发现应当被称为"查明事实"，这里的查明，包括被动的接受证明以及主动的收集证据作出结论。

法谚曰：证据是诉讼之王。这恰是反映了在民事诉讼中证据的重要地

---

❶ ［美］E. 博登海默. 法理学：法律哲学与法律方法（修订版）［M］. 邓正来，译. 北京：中国政法大学出版社，2004：509-512。

❷ 龙宗智. 证据法的理念、制度与方法［M］. 北京：法律出版社，2008：9-13。

位，毕竟裁判的事实基础是证据材料所能展现的事实。对于知识产权民事案件来说，尤其是技术类案件，如专利案件，所涉及的事实复杂，侵权判定的规则复杂，这都导致证据的完整、全面在知识产权类诉讼中有着更加重要的地位。如何获得侵权证据是权利人维权需要首先解决的关键问题。然而，知识产权民事案件中的证据具有隐蔽性、易逝性和技术复杂性等特点，导致权利人取证存在较大难度。这就导致证据保全在技术类案件中有着尤为重要的意义。同时，由于技术类案件侵权判规则、技术比对的复杂性，加上此类证据材料的易逝性，使得诉前证据保全在整个知识产权民事诉讼程序中占有重要地位，是维护权利人合法权益、加大知识产权保护力度的重要举措。

本节通过两个诉前证据保全的案例，引导学生对于知识产权民事案件中的证据认定、诉前证据保全制度有所认识和思考。

【案例介绍】
案例1

苏州云白环境设备股份有限公司公司（以下简称"云白公司"）系第ZL201010160845.9号"内外筒型自立式钢烟囱"发明专利的权利人。云白公司发现苏州泰高烟囱科技有限公司（以下简称"泰高公司"）制造的、放置于江阴双马重工装备有限公司（以下简称"双马公司"）生产厂区内待安装的烟囱涉嫌侵犯云白公司上述发明专利权，但云白公司无法进入双马公司对被诉侵权烟囱的技术特征进行取证。据此，云白公司向法院申请诉前证据保全，指明了被诉侵权烟囱所处的具体场所即位于双马公司生产厂区，还提供了专利证书、被诉侵权烟囱照片、泰高公司官网上的产品信息、泰高公司投标文件、供货合同等初步证据。

法院经审查认为：鉴于被诉侵权烟囱位于双马公司生产厂区内部，云白公司难以进入该公司，也无法通过购买等恰当的方式、方法取得、固定该证据，而被诉侵权烟囱系大型设备且即将安装使用，一旦安装使用后，对其内部技术特征的查明难度加大，故此应对被诉侵权烟囱立即采取保全措施，固定证据，以查明其技术特征。法院裁定对泰高公司制造的、放置于双马公司生产厂区内的被诉侵权烟囱进行证据保全。❶ 最终，法院成功实施了诉前证据保全措施，取得、固定了被诉侵权烟囱的技术特征。

案例 2

达索系统 SolidWorks 公司（以下简称"达索公司"）是全球领先的 3D 设计软件开发公司，总部位于美国，是"SolidWorks"系列计算机软件的著作权人，该系列软件被广泛用于汽车、电器制造等行业。"SolidWorks"系列计算机软件首先在美国发表，并向美国版权局进行了注册。达索公司通过调查发现苏州凌云视界智能设备有限责任公司（以下简称"凌云公司"）在智联招聘网上公开招聘结构设计工程师、机械结构工程师，均要求熟练使用"SolidWorks"软件，但凌云公司从未向达索公司购买过任何"SolidWorks"软件。达索公司有理由认为凌云公司办公场所内的计算机里安装了盗版软件。由于被诉侵权软件安装在凌云公司内部，达索公司无法通过恰当的方式获取侵权行为的证据，特向法院申请诉前证据保全。

法院经审查认为：鉴于涉案被诉侵权"SolidWorks"软件安装在凌云公司内部的计算机中，而达索公司也无法通过恰当的方式、方法取得、固定上述证据，而该"SolidWorks"软件及其相关信息系查明本案事实所需要的证据，该证据存在可能灭失或以后难以取得的情况。最终，法院裁定对凌云公司经营场所及办公地点内的计算机及其他设施设备上安装、使用的"SolidWorks"计算机软件及其相关信息（包括但不限于软件上署名的版权人信息、软件名称及版本、产品注册号或安装序列号、安装数量、安装时间以及卸载、删除时间等）进行证据保全。❷ 最终，在达索公司聘请的计算机专家的协助下，法院成功实施了诉前证据保全措施，对凌云公司内部的计算机中安装的被诉侵权"SolidWorks"软件及其相关信息予以拍摄、固定。

---

❶ （2018）苏 05 证保 75 号民事裁定书。
❷ （2018）苏 05 证保 52 号民事裁定书。

【思考题】

1. 知识产权民事案件中证据问题的疑难之处及实质是什么？

2. 知识产权民事案件诉前证据保全的考量背景及实质启动条件应如何把握？

【案例分析】

1. 知识产权民事案件中证据问题的疑难之处及实质是什么？

（1）知识产权民事案件中待证事的复杂性与证据认定的疑难。

在涉及诉讼问题上，所有待证事实都必须有相应的证据加以证明，而构成待证事实的根据则是由当事人的诉讼主张确立的，并由裁判者加以认定的事实。❶ 首先，任何一个发现事实的程序都是一个复杂的过程，必然涉及若干事实和信息的分析及推理，当事人不可能提供经逻辑分析确认的所有事实，因为一个经过逻辑分析确认事实的思维过程涉及大量事实和信息的运用，包括裁决者所拥有的全部知识。对于具体的裁决者来说，必然是"社会的人"，对于同样的证据资料，必然运用各自不同的学识、经验对其进行判断（推理的前提是裁判者有理性推理的能力，而这不可能建立在一张白纸上），如本书前述的案例那样，绝对要求裁判者仅仅以当事人争议事实进行法律判断是不可能的，每个案件中都必然包含若干案外事实的运用，所以，裁判者必须拥有众多或者全部的一般性知识和信息。其次，从具体的法律适用者角度看专利领域法律适用的基本逻辑时，"所属领域技术人员"这一概念实质上定义了裁判者所应该具有的基本认知能力和理性能力，涉及案件中技术相关事实认定时，均要求以所属领域技术人员的水平进行判断。也就是说，由于涉及特定领域，所以必须要以该领域人员的能力、信息量和理性进行法律适用。从文字表述之阅读到技术信息的解读离不开相应的知识水平，客观记载之内容在不同主体水平判断下其承载

---

❶ 毕玉谦. 民事证据法判例实物研究（修订版）［M］. 北京：法律出版社，2001：395-397.

信息量可能会出现较大差异，技术事实的判断、推理，是技术案件中不可回避的关键步骤，作为案件的事实认定及事实判断的基本主体标准，法律拟制的抽象主体标准客观上如何在具体案件中实现，这是技术类案件中事实认定存在极大疑难的实质所在。

（2）知识产权侵权判定规则复杂与证据获取困难。

第一，侵权判定规则复杂加剧了证据的易逝性。知识产权民事案件的侵权判定规则十分复杂。例如，专利侵权案件中要求技术特征"全面覆盖"，技术秘密案件在技术特征比对上的要求更严格。这就导致对于被诉侵权技术内容稍加改变即可获得不侵权的结论。而一旦被诉侵权技术内容无法完整地在权利人的掌控下，都会使得被诉侵权技术的稍加变化变得更为可能。

第二，技术类案件的技术复杂、多样性大大增加了证据的隐蔽性。随着技术的发展，一方面导致技术事实的认定愈加复杂，另一方面使得待证事实的载体——"证据材料"本身变得更加无形、隐蔽。

第三，技术类案件权利内容多样、复杂，加重了证据的获取难度，也大大增加了证据材料改变的可能性。随着技术的复杂化，权利内容复杂多样，指向简单产品、宏观产品的权利越来越少，方法专利、软件技术越来越多。如前述案例2中，凌云公司随时都有可能将安装在计算机中的被诉侵权软件删除，这些因素实际造成权利人获取、固定证据的困难极大增加。正是这些因素的存在，使得诉前证据保全在整个民事诉讼程序中占有重要地位，对加强知识产权司法保护、及时维护权利人合法权益具有重要意义。

2. 知识产权民事案件诉前证据保全的考量背景及实质启动条件应如何把握？

近些年，诉前证据保全在制度上和实践上均有了较大的发展。国家知识产权战略的深入推进以及持续加大知识产权保护力度的司法政策❶促进诉前证据保全制度进一步发展、完善，体现了强化知识产权保护的时代背

---

❶　参见《关于强化知识产权保护的意见》。

景。从具体的法律规则上看，我国《专利法》《商标法》《著作权法》《民事诉讼法》以及《最高人民法院关于民事诉讼证据的若干规定》《最高人民法院关于知识产权民事诉讼证据的若干规定》均对诉前证据保全做了相应规定。立法逐步完善和成熟，基本能够满足知识产权诉讼中证据收集的现实需要，但在管辖、担保、适用范围、保全措施等方面还存在弹性，需要在实践中不断丰富和发展。

也应该注意到，虽然诉前证据保全在强化知识产权保护这一角度上占有重要的地位，但是对于知识产权民事案件的诉前证据保全也不应随意扩大。如果启动的条件过低，这就导致权利人在某一技术领域存在专利权，即可以此为理由，给同行业竞争者造成诉讼骚扰，以获得竞争优势而非维权为目的利用程序手段，甚至可能以程序手段要求同行业竞争者披露相关技术秘密。所以，在思考启动诉前证据保全的实质条件时，也应在更宏观的实体、程序利益平衡的视角下，分析特定案件中诉前证据保全的实质启动条件。

一般来说，诉前证据保全是指在提起诉讼或者申请仲裁前，因情况紧急，在证据可能灭失或者以后难以取得的情况下，法院依权利人或利害关系人的申请，对案件有证明意义的证据予以调查、收集、保护和固定的行为。诉前证据保全主要适用于固定被控侵权产品、技术方案、生产方法、生产工艺等，目的在于保护可能破坏或灭失的证据，保障和落实当事人的证据收集权和证据提出权，解决取证难问题，依法保护当事人的合法权益。申请保全的证据须与待证事实具有关联性，对于认定侵权成立或者确定赔偿数额具有积极意义。诉前证据保全具有紧迫性和充分的必要性，即时间上的及时性、法律上的必要性。例如，前述案例 2 中，凌云公司控制的计算机上运行的被诉侵权软件系容易被随时被删除的证据。诉前证据保全的启动条件应审慎，须情况紧急且证据可能灭失或者以后难以取得，所谓灭失是指由于客观原因或人为因素导致证据灭失，所谓以后难以取得是指证据在今后不能取得或虽然可以取得但取得困难或成本过高。例如，前述案例 1 中，被诉侵权烟囱一旦安装使用后，对其内部技术特征的查明难度加大，成本也更高，此种情形构成法律规定的"情况紧急"。在诉前证据保全中，还需要审慎考察被诉侵权方侵权的可能性及线索，以防止纯粹以诉讼骚扰为目的的程序滥用。例如，前述案例1中，云白公司已经穷尽了提供相关证据的方式、方法，包括提供专利证书、被诉侵权烟囱照片、泰高公司投标文件（披露了被诉侵权烟囱的部分技术特征）、供货合同等证据，这些证据所呈现的事实能够初步确信被诉侵权烟囱已经具备侵权的可能性。再如，前述案例2中，达索公司已经尽可能寻找各种能够找到的证据线索，其通过调查发现凌云公司在智联招聘网上公开招聘结构设计工程师、机械结构工程师，均要求熟练使用"SolidWorks"软件，但凌云公司从未向达索公司购买过任何"SolidWorks"软件，且达索公司还指明了安装被诉侵权软件的计算机所处的具体位置。综合以上情况，有理由初步确信凌云公司在其在办公场所内的计算机中安装被诉侵权软件的可能性较大。此外，诉前证据保全须具有可行性，即申请保全的证据应当是法院在现有技术条件或申请人提供相应条件下可以有效取得、保存的证据，对依据现有条件或者现有技术手段无法取得、固定、保存的证据，如化学物或处于有毒有害、危险场所等对人身健康有影响的证据，法院可以不准许当事人的诉前证据保全申请。

审判实践中，根据当事人的申请和案件具体情况，法院在实施诉前证据保全措施时常见的方法包括查封、扣押、录音、录像、复制、鉴定及勘验等。一般而言，专利案件中采取查封、扣押被控侵权产品、模具并拍照、录像；商标案件中采取查封、扣押、复制产品手册、彩页、画册等；计算机软件和技术秘密案件中采取查封、扣押计算机或复制计算机中存储的涉嫌侵权的软件、程序、图纸、技术参数等；针对侵权获利方面的证据采取查封、扣押、复制财务账册、会计凭证、销售合同、发票等。《最高人民法院关于知识产权民事诉讼证据的若干规定》第15条规定：人民法院进行证据保全，可以要求当事人或者诉讼代理人到场，必要时可以根据当事人的申请通知有专门知识的人到场，也可以指派技术调查官参与证据保全。前述案例2中，法院依达索公司申请通知其聘请的计算机专家到场参与证据保全，在计算机专家的协助下，很快在凌云公司办公场所内的计算机中找到并固定了被诉侵权软件及其相关信息，确保了保全的准确性和高效性，取得了良好的法律效果。

《最高人民法院关于知识产权民事诉讼证据的若干规定》第 12 条规定：人民法院进行证据保全，应当以有效固定证据为限，尽量减少对保全标的物价值的损耗和对证据持有人正常生产经营的影响。因此，在民事案件诉前证据保全中，既要依法及时固定侵权证据，维护权利人合法权益，同时又要严格遵循"诉讼保全不得影响生产经营秩序"的原则，防止权利人滥用权利，妥当处理保护知识产权与维护公共利益两者之间的利益平衡。

后　记

　　尽管有着知识产权行业多个岗位的从业经历，但是，编写一本用于教学且务实的知识产权课程教材，对我来说依然是一项颇具挑战的任务。

　　知识产权实务工作涉及诸多环节、众多截然不同的法律问题，版权、商标、专利及商业秘密等不同分支，不仅法律规定差异巨大，隐藏在法律背后的逻辑、理论也大相径庭；且知识产权法律与实践之嬗变受技术快速发展的直接影响，并在近年来不断涌现出颇具争议且精彩纷呈的案件。如何在这些复杂且多样的案件中，遴选出部分可深入又能浅出、兼顾知识产权法的不同分支，且不流于表面事实并可延伸至理论层面探讨的具体案例，这是难度之一。

　　知识产权学科的教学中，"务实"一直是一种强烈的呼声。一方面因为知识产权法的实践色彩很强，不仅大量法律问题来自实践，而且法律规则发展变化的速度受技术迅猛发展的影响而日益加快；另一方面在这些年的工作中，尤其是教学工作中，个人也总是体会到，知识产权领域理论界与实务界之间的沟壑比之其他部门法更深，或互相轻视，或各说各话，这也许是这一领域理论与实践长期缺乏沟通所致，也或许是实务界总强调"多背景"而忽视了知识产权实践与法学理论的连接与研究。所以，选择合适的案例，能够跟上实践发展而不至于很快"过时"，又能够深入反思，从理论层面分析法律问题，并找到发展变化中不变的"分析方法""学习方法"，从而尽力将理论学习与实务学习进行契合，这是难度之二。

　　幸而请到多位优秀法官共同参与，才得以克服上述困难，完成本书编写。编写之初，曾设想尽力将诸多实践问题与理论结合，阐释理论并落足实践，能够尽量体系化、框架化，以更好地适应教学需求并使本书成为一本可读性强的读物，但无奈知识产权实践纷繁复杂，深感能力不足，只能请读者多提意见。希望本书能为以后类似实务教材的编写提供思路，为知识产权实务教学提供一点素材。

诚然，读书和学习的过程枯燥且艰涩，但是辗转反侧后偶有所得的感觉，恰如午夜时忽然没来由的平静与开心，也是人生一种况味。作为"知识产权实务训练"这门课程或类似课程的教材，或是作为读物为从业者提供一些资料，都希望能让读者找到那偶尔的乐趣。

本书第一章由宋健法官执笔，第二章由刘莉法官执笔，第三章由本人执笔，第四章分别由包文炯、任小明法官执笔；非常感谢几位优秀法官费时费心地撰写、校对等工作。

同时，也非常感谢在本书编写过程中各位编辑的辛苦工作。

郭鹏鹏

2022 年 9 月 16 日